Scharfschützen der Waffen-SS an der Ostfront

Im Fadenkreuz der Jäger

Wolfgang Wallenda

Scharfschützen der Waffen-SS an der Ostfront

Im Fadenkreuz der Jäger

Ostfront 1944 – Scharfschützen der 20. Waffen-Grenadier-Division der SS (estnische Nr. 1) im Kampf gegen die Rote Armee

Impressum:

©2014 Wolfgang Wallenda

Umschlaggestaltung, Herstellung und Verlag:
BoD- Books on Demand, Norderstedt

Titelbild und Rückseite:

Sowjetunion-Nord. - Scharfschütze (?) im Schützengraben/Unterstand mit Gewehr
(mit Zielfernrohr); Einsatzkommando 1, 1944 August - September
Bundesarchiv, Signatur: Bild 1011-734-0017-01

ISBN: 978-3-7347-3984-2

„Der Krieg ist darin schlimm, dass er mehr böse Menschen macht, als er deren wegnimmt."

Immanuel Kant (1724 - 1804)
deutscher Philosoph

„Einen Krieg beginnen heißt nichts weiter, als einen Knoten zerhauen, statt ihn aufzulösen."

Christian Morgenstern (1871 - 1914)
deutscher Schriftsteller, Dramaturg, Journalist und Übersetzer

Vorwort:

Im Januar 1944 wurde aus bereits bestehenden estnischen Truppenverbänden die *20. Estnische SS-Freiwilligen-Division* gebildet, die im Juni 1944 in *20. Waffen-Grenadier-Division der SS (estnische Nr. 1)* umbenannt wurde.

Neben estnischen Offizieren und Unterführern, verrichtete auch deutsches Rahmenpersonal seinen Dienst in dieser Einheit. Bereits während der Phase ihrer Neugliederung setzte man die Division an der Narwa-Front ein. Ständig in heftige Abwehrkämpfe verwickelt, wurde die „estnische Nr. 1" immer stärker geschwächt und letztendlich im Herbst 1944 aufgerieben.

In Schlesien neu aufgestellt und wieder an die Front verlegt, geriet die Division im Mai 1945 in der Tschechoslowakei in Kriegsgefangenschaft.

Spätestens im Krieg mit der Sowjetunion erkannte man die Wichtigkeit von Scharfschützen und deren Verwendung. Anfangs noch auf Regiments- und Bataillonsebene ausgesucht, rekrutieren sich später die Scharfschützen im Allgemeinen aufgrund ihrer hervorragenden Schießleistungen aus der breiten Truppe. Wenn auch nicht alle, wurden zumindest viele der Scharfschützen mit entsprechenden Lehrgängen nächst den vorhandenen Truppenübungsplätzen sowohl im Reich als auch in den besetzten Gebieten in Waffenkunde, Tarnung, Taktik und natürlich mit Schießübungen in diversen Szenarien geschult. Ebenso wurde mit ihnen das „Arbeiten" allein sowie mit einem zweiten Mann, dem Beobachter, geübt.

An der Front erfolgte der Scharfschützeneinsatz zumeist mit dem Scharfschützenzug auf Bataillon- oder Regimentsebene. Allerdings gab es auch bei den einzelnen Kompanien Scharfschützen, die unabhängig und individuell eingesetzt wurden.

Der nachfolgende Bericht schildert den Einsatz von estnischen Scharfschützen.

Daten

20. Waffen-Grenadier-Division der SS (estnische Nr. 1)

Aufstellung und Werdegang der Einheit:

Am 24. Januar 1944 wurde die *3. Estnische SS-Freiwilligen-Brigade* zur *20. Estnischen SS-Freiwilligen-Division* umgegliedert. Bereits im März 1944 setzte man die neue estnische SS-Division an der Narwa-Front ein.

Im Juni 1944 erhielt die Einheit endgültig ihre Bezeichnung und wurde in 20. Waffen-Grenadier-Division der SS mit dem Beinamen (estnische Nr. 1) umbenannt. Die Einheit unterstand der Heeresgruppe Nord und wurde weiterhin in Estland eingesetzt.

Als die Rote Armee im Einsatzgebiet der estnischen Einheit (Sillamäe – Blaue Berge) zur Offensive ansetzte, wurde die *20. Waffen-Grenadier-Division der SS (estnische Nr. 1)* zerschlagen.

Eine Neuaufstellung der Division erfolgte schon im Oktober 1944 auf dem Truppenübungsplatz Neuhammer an der Queis (Niederschlesien). Noch vor Vollendung der Aufstellung unterstellte man die estnische Nr. 1 im Januar 1945 der 17. Armee und verlegte die junge Einheit in den Frontbereich bei Striegau (Schlesien). Divisionsteile wurden von der vorrückenden Roten Armee eingekesselt (Raum Neustadt nächst Vittenberg).
Einigen Kampfgruppen gelang es im März 1945 den Kessel zu durchbrechen und sich bis nach Mélnik (Böhmen) durchzuschlagen. Bei diesen Ausbruchskämpfen fiel der Divisionskommandeur SS-Brigadeführer und Generalmajor der Waffen-SS Franz Augsberger.

Bis auf einige wenige Truppenteile, denen es abermals gelang den Soldaten der Sowjetunion zu entkommen, geriet die *20. Waffen-Grenadier-Division der SS (estnische Nr. 1)* im Mai 1945 in russische Kriegsgefangenschaft. Die estnische Nr. 1 existierte nicht mehr.

7

Kommandeure der Division:

Jan. 1944 - März 1945	Brigadeführer und Generalmajor der Waffen-SS Franz Augsberger
März 1945 – Mai 1945	Brigadeführer und Generalmajor der Waffen-SS Berthold Maack

Gliederung der Division:

- SS-Freiwilligen-Grenadier-Regiment 45 (estnische Nr.1)
- SS-Freiwilligen-Grenadier-Regiment 46 (estnische Nr. 2)
- SS-Freiwilligen-Grenadier-Regiment 47 (estnische Nr. 3)
- SS-Freiwilligen-Artillerie-Regiment 20
- SS-Freiwilligen-Divisions-Füsilier-Bataillon 20
- SS-Panzerjäger-Abteilung 20
- SS-Freiwilligen-Flak-Abteilung 20
- SS-Freiwilligen-Pionier-Bataillon 20
- SS-Nachrichten-Abteilung 20
- Versorgungseinheiten 20
  - SS-Werkstatt-Kompanie 20
  - SS-Veterinär-Kompanie 20
  - SS-Feldpostamt 20
  - SS-Bau-Bataillon 20

8

Einsätze der 20. Waffen-Grenadier-Division der SS (estnische Nr. 1)

1944

März - Oktober

Heeresgruppe Nord:

- Estland (Narwa-Front), Sillamäe (Blaue Berge)

Ende Oktober bis Januar 1945

in Aufstellung

- Truppenübungsplatz Neuhammer an der Queis (Niederschlesien)

1945

Februar - Mai

Heeresgruppe Mitte:

- Schlesien (Raum Striegau / Neustadt)

Kriegsverbrechen:

Obwohl es hinlänglich erwiesen ist, dass nahezu von allen Einheiten der Waffen-SS, insbesondere in osteuropäischen Ländern, Kriegsverbrechen (vor allem gegen die Zivilbevölkerung) in unterschiedlichem Ausmaß begangen wurde, konnte bei den Recherchen zu diesem Buch der *20. Waffen-Grenadier-Division der SS (estnische Nr. 1)* kein konkretes Kriegsverbrechen zugeordnet werden.

In Estland werden die ehemaligen Angehörigen der Waffen-SS auch heute noch von der breiten Masse als Widerstandskämpfer gegen Russland betrachtet. Nationalistische Kräfte sind seit Jahren bemüht, für die Kriegsveteranen eine öffentliche Ehrung als *„Kämpfer gegen die kommunistische Diktatur"* zu erreichen.

Hierbei wird von estnischer Seite permanent der Standpunkt vertreten, dass die Veteranen des Zweiten Weltkriegs nur für die Freiheit Estlands gekämpft und nichts mit den Kriegsverbrechen der Waffen-SS zu tun gehabt hätten.

Dienstgrade „Fremdländischer Soldaten der Waffenverbände der SS" vs. Wehrmacht:

Anmerkung: Seit Juni 1944 wurde statt der bis dahin üblichen Bezeichnung „SS", bzw. „Freiwilliger", die Bezeichnung „Waffen" vor den jeweiligen Dienstgrad gesetzt.

Mannschaften und Unteroffiziere

Waffen-Grenadier	Grenadier
Waffen-Sturmmann	Gefreiter
Waffen-Rottenführer	Obergefreiter
Waffen-Unterscharführer	Unteroffizier
Waffen-Scharführer	Unterfeldwebel
Waffen-Oberscharführer	Feldwebel
Waffen-Hauptscharführer	Oberfeldwebel
Waffen-Stabsscharführer *(Spieß)* auch *SS-Sturmscharführer* = *kein eigentlicher Dienstrang sondern eine Dienststellung*	Hauptfeldwebel *(Spieß)* *Stabsfeldwebel* = *kein eigentlicher Dienstrang sondern eine Dienststellung*

Offiziere

Waffen-Untersturmführer	Leutnant
Waffen-Obersturmführer	Oberleutnant
Waffen-Hauptsturmführer	Hauptmann
Waffen-Sturmbannführer	Major
Waffen-Obersturmbannführer	Oberstleutnant
Waffen-Standartenführer	Oberst
Waffen-Oberführer	-
Waffen-Brigadeführer	Generalmajor
Waffen-Gruppenführer	Generalleutnant
Waffen-Obergruppenführer	General
-	Generaloberst

Anmerkung: Es war bei offiziellen Anlässen geläufig auf Generalsebene den Rang doppelt zu nennen: z.B. *„Waffen-Brigadeführer und Generalmajor der Waffen-SS"*

Das Scharfschützenwesen der Waffen-SS in Stichpunkten:

Sowjetunion-Nord.- Scharfschütze (?) im Schützengraben/Unterstand mit Gewehr (mit Zielfernrohr); Einsatzkommando I, 1944 August - September
Bundesarchiv, Signatur: Bild 101I-734-0017-01

Die Waffen-SS orientierte sich bezüglich dem Scharfschützenwesen im breiten Rahmen an der Wehrmacht. Dort schenkte man diesem Thema bis zum Angriff auf die Sowjetunion nur wenig Beachtung. Die Rote Armee hingegen war den Invasoren diesbezüglich um Längen voraus. Russische Scharfschützen fügten den deutschen Truppen bereits zu Kriegsbeginn schmerzhafte Verluste zu und sorgten an ihren Einsatzorten beim Gegner für Demoralisierung.

Nachdem die Wehrmacht sich auf die alten Zielfernrohrgewehre der Reichswehr besann und sukzessive damit begann Scharfschützen auszubilden, reagierte auch die Führung der Waffen-SS und forcierte die eigene Scharfschützenausbildung.

Analog zur Wehrmacht erfolgten anfängliche Einweisungen von Freiwilligen lediglich auf Verbandsebene (Regiment, Bataillon, Kompanie). Zeitgleich ging man daran erste Lehrgänge zu bilden (sowohl für Schießausbilder, als auch für angehende Scharfschützen); gegen Kriegsende gab es sogar einschlägige Ausbildungskompanien.

Ausgebildet wurde bei den Divisions-Kampfschulen, den SS-Feld-Ersatz-Einheiten und den SS-Scharfschützen-Ausbildungs- und Ersatz-Einheiten. Ebenso wurden an den SS-Junkerschulen (z.B. Bad Tölz), SS-Unterführerschulen (z.B. Laibach) und SS-Panzergrenadierschulen (z.B. Kienschlag) entsprechende Lehrgänge durchgeführt.

Von den Anwärtern wurde viel erwartet. Neben exzellenten Schießfertigkeiten, einem tadellosen Charakter und gutem Sehvermögen, verlangte man zusätzlich schnelles Reaktions- und hohes Konzentrationsvermögen sowie vortreffliche Fähigkeiten im Tarnverhalten und in der Anwendung verschiedener Taktiken.

Gerade in der Anfangszeit erfolgte der Einsatz von Scharfschützen vermehrt z. b. V. auf Kompanie- oder Bataillonsebene, wobei die Waffen-SS zu wenig Soldaten ausbildete und sich zumeist auf einen Scharfschützen pro Kompanie beschränkte. Die Männer waren normal in ihre Gruppen eingegliedert, jedoch mit Zielfernrohrgewehren ausgestattet und wurden bei Bedarf für Sonderaufgaben herangezogen. An der Front wurde den Kommandeuren schnell klar, welche enorme Wirkung der Scharfschützeneinsatz hatte. Wenige Schützen konnten einen gegnerischen Angriff zum Stocken bringen, Rückzüge abdecken, eigene Stoßtrupps begleiten (Flankendeckung), oder feindliche Stoßtrupps zur Rückkehr zwingen.

Bei der Scharfschützenausbildung wurde auf Freiwilligkeit gesetzt, jedoch konnten gute Schützen (z.B. Jäger) auch von der Kompanie vorgeschlagen und abkommandiert werden.

Die eingeführten Scharfschützenlehrgänge dauerten, je nach Art und Örtlichkeit, zwischen drei Wochen und zwei Monaten.

Gelehrt wurde i.d.R. (Analogausbildung zur Wehrmacht):

- Gebrauch des Zielfernrohrs (nachfolgend ZF abgekürzt), insbesondere Zielen und Zielfehler
- Aufbau und Wirkungsweise des ZF
- Feststellung von Mängeln
- Justieren von ZF
- Waffen- und Zielfernrohrpflege
- Schießlehre, insbesondere: Anschlagsarten, Zielerkennung, Entfernungsschätzen, Witterungs-, Beleuchtungs- und Temperatureinflüsse auf den Haltepunkt
- taktischer Unterricht, insbesondere: Gefechtsanschläge, Geländeausnutzung, Tarnung und Täuschung, Zusammenarbeit mit einem Beobachter, Waldkampf, Geländekampf und Häuserkampf, Stellungsbau, Pirsch- und Schleichübungen
- Nahkampf und Panzer-Nahbekämpfung
- Lehrfilme (eigene Ausbildungsfilme sowie sichergestellte Filme des Feindes) rundeten die Ausbildung ab

Anmerkung:
(Ausbildungspläne/Unterlagen befinden sich im Bundesarchiv Freiburg (RS 3-12/39 – 12. SS-Panzer-Division „Hitlerjugend", RS3-9/7 – 9. SS-Panzer-Division „Hohenstaufen)

Die Scharfschützenanwärter der Waffen-SS erhielten während der Lehrgänge wöchentlich auch Schulungen im Bereich „Weltanschauung". Themen wie Nationalsozialismus, Internationalismus, Bolschewismus, Judentum sowie die SS als germanischer Sippenorden standen auf den Tagesordnungen. Auf diese Art und Weise wurde die verbrecherische Ideologie des Nazi-Regimes immer wieder gelehrt, damit diese sich in den Köpfen der jungen Deutschen festsetzt.

Erfolgreiche Lehrgangsteilnehmer erhielten eine Urkunde, die sie als Scharfschützen auswies. Die während der Ausbildung ausgegebenen Waffen mit ZF verblieben bei den (bestandenen) Schützen und gehörten ab diesem Zeitpunkt zu deren persönlicher Ausrüstung.

Ausrüstung der Scharfschützen (zusätzlich zur Standardausrüstung):

- Gewehr mit ZF
- Munition (siehe nachfolgenden Beitrag)
- Behälter für das ZF
- Werkzeug und Pflegeutensilien für das ZF (teils in Dienstvorschriften geregelt, z.B. für das ZF 39, D134 vom 22. Januar 1940)
- Reinigungsgerät für die Waffe
- Fernglas mit Behelfsblenden
- Kampfmesser
- Kompass
- Deckungsspiegel
- Tarnhelmüberzug
- Tarnschlupfjacke (Scharfschützenjacke)
- Tarn-Zeltbahn
- Tarnnetz mit Mückenschleier
- Tarnmaske
- Schnur (Bindfaden) und Nägel für die Tarnung
- Gabel (gepolsterte Astgabel) als Gewehrauflage
- wetterbedingt Wintertarnzeug

Gewehr

Die gängigste Waffe der deutschen Scharfschützen war der Karabiner 98 k. Er wurde auch dem späteren Gewehr 43 aufgrund der höheren effektiven Reichweite und besseren Präzision vorgezogen.

Verwendete Munition – 7,9 mm (8x57IS):

S.	Spitzgeschoss
l. S.	leichtes Spitzgeschoss
s. S.	schweres Spitzgeschoss
S. m. E.	Spitzgeschoss mit Eisenkern
S. m. K.	Spitzgeschoss mit Stahlkern
S. m. K. (H)	Spitzgeschoss mit Stahlkern gehärtet (s. Anmerkung)
S. m. K. L`spur	Spitzgeschoss mit Stahlkern und Leuchtspur (s. Anmerkung)
S. m. L`spur	Spitzgeschoss mit Leuchtspur (s. Anmerkung)
P. m. K.	Phosphor mit Stahlkern
Pr-Patrone	Phosphor / Brandgeschoss (s. Anmerkung)
B.-Patrone	Beobachtungspatrone (s. Anmerkung)
diverse Übungsgeschosse	

Anmerkung:

Mit der Beobachtungspatrone konnte der Treffer (Einschlag) beobachtet werden, da beim Aufschlag sowohl eine kleine Flamme als auch eine kleine Rauchwolke zu sehen waren. Hinter einer Phosphorladung befand sich eine Kapsel mit Bleiazid oder Nitropenta. Das Geschoss besaß meist eine silberfarbene Spitze.

Hinweis: Die Verwendung der B-Patrone als Explosivgeschoss wird zwar immer wieder genannt, war aber mutmaßlich nicht allzu geläufig, da die wirkungsvolle Reichweite des Geschosses bei rund 600 Metern endete.

Als weiteres Brandgeschoss wurde die Pr-Patrone (Phosphor) verwendet.

Das Spitzgeschoss mit gehärtetem Stahlkern wurde aufgrund des Mangels an Wolfram nur bis 1942 hergestellt.

Bei der Leuchtspurmunition war das Geschoss mit einem Leuchtsatz kombiniert. Gezündet wurde dieser durch das Verbrennen von Nitropulver. Die Brenndauer reichte bis zu 900 Meter. Zu sehen war eine sog. Glimmspur.

Zielfernrohr (ZF)

Als ZF wurden verschiedene Modelle ausgegeben, die sich in Montage, Vergrößerung oder Lichtstärke unterschieden. Je nach Verfügbarkeit wurden die Zielfernrohre (z.B. ZF 39, ZF 41, ZF 4) von den Schützen nach deren Bedürfnissen und Vorlieben ausgewählt.

Beutewaffe

Die Scharfschützenausführung des russischen Mosin Nagant, ein robuster und zuverlässiger 5-schüssiger Repetier-Karabiner, war eine beliebte Beutewaffe der deutschen Scharfschützen an der Ostfront.

Entgegen den deutschen Scharfschützen verwendeten ihre russischen Gegenüber sehr wohl Explosivgeschosse. Diese wurde mit den Beutegewehren (sofern die entsprechende Munition aufgefunden wurde) von den deutschen Scharfschützen im Einzelfall bedarfsorientiert eingesetzt.

Erfolgreiche deutsche Scharfschützen im Zweiten Weltkrieg:

- *Gefreiter Matthäus Hetzenauer*, 7. Kompanie, Gebirgs-Jäger-Regiment 144, 3. Gebirgs-Division, 345 Abschüsse
- *Obergefreiter Josef Allerberger*, 8. Kompanie, Gebirgs-Jäger-Regiment 144, 3. Gebirgs-Division, 257 Abschüsse

- *Obergefreiter Georg Burdinski*, 5. Kompanie, Grenadier-Regiment 689, 246. Infanterie-Division, 246 Abschüsse
- *Oberjäger Friedrich Pein*, 2. Kompanie, Jäger-Regiment 227, 100. Jäger-Division, 200 Abschüsse
- *Obergefreiter Josef Roth*, 8. Kompanie, Gebirgsjäger-Regiment 144, 3. Gebirgs-Division, 200 Abschüsse

Die Abschüsse der Scharfschützen wurden nur gezählt, wenn diese auch durch Zeugen (im besten Fall durch Vorgesetzte) bestätigt wurden.

Scharfschützenabzeichen:

Das am 8. August 1944 von Adolf Hitler gestiftete Scharfschützenabzeichen wurde in drei Stufen verliehen.

- Stufe 1 (3. Klasse) = 20 Abschüsse
- Stufe 2 (2. Klasse) = 40 Abschüsse
- Stufe 3 (1. Klasse) = 60 Abschüsse

Es war untersagt, Abschüsse, die im Nahkampf erfolgten, mitzurechnen. Der Feind durfte zudem weder die Absicht gezeigt haben überzulaufen noch sich gefangen nehmen zu lassen.

Alle Abschüsse mussten bestätigt werden. Scharfschützen führten mitunter ein Notizbuch, in dem sie ihre Erfolge eintrugen. Zu notieren waren: Abschuss-Nummer, Ort und Zeit, ein kurzer Sachverhalt sowie ein Zeuge.

Das Abzeichen ist aus grünlich-grauem Stoff gefertigt, mehrfach bestickt und oval. Es zeigt einen nach rechts gewandten schwarzen Adlerkopf mit weißem Gefieder, ockerfarbenem Auge und geschlossenem Schnabel. Der Korpus ist durch einen Eichenlaubbruch aus drei Blättern und einer links angeordneten Eichel verdeckt. Die Kanten des Abzeichens sind vernäht. Die einzelnen Stufen kann man anhand der umlaufend angenähten Kordel, in Silber für Stufe 2 oder Gold für Stufe 3, unterscheiden.

Scharfschützen waren beim jeweiligen Gegner verhasst und gefürchtet. Es kam an allen Fronten vor, dass Scharfschützen, die in Gefangenschaft gerieten, misshandelt oder gar zu Tode gefoltert wurden. Aus diesem Grund verzichteten die Präzisionsschützen zumeist auf das Tragen der Scharfschützenabzeichen. Notizbücher und Ausrüstungsgegenstände, die auf einen Scharfschützen Rückschlüsse geben konnten, wurden bei absehbar bevorstehender Gefangennahme entsorgt.

Erfolgreiche Scharfschützen der Waffen-SS und Träger der 3. Stufe des Scharfschützenabzeichens (1. Klasse):

- *SS-Untersturmführer Otto Willscher*, SS-Fallschirm-Jäger-Bataillon 600
- *SS-Rottenführer Elmo Scheffel*, SS-Fallschirm-Jäger-Bataillon 600

Erfolgreiche Scharfschützen der Wehrmacht und Träger der 3. Stufe des Scharfschützenabzeichens (1. Klasse):

- *Gefreiter Matthäus Hetzenauer*, 7. Kompanie, Gebirgs-Jäger-Regiment 144, 3. Gebirgs-Division
- *Obergefreiter Josef Allerberger*, 8. Kompanie, Gebirgs-Jäger-Regiment 144, 3. Gebirgs-Division
- *Obergefreiter Josef Roth*, 8. Kompanie, Gebirgsjäger-Regiment 144, 3. Gebirgs-Division
- *Gefreiter Bruno Sutkus*, Stab II. Bataillon, Grenadier-Regiment 196, 68. Infanterie-Division
- *Gefreiter Hans Gruber*, 5. Kompanie, Regiment Mohr

Feldküche

kleine (Hf. 12) und große (Hf. 11) Feldküche

ugs. im Landser-Jargon als „Gulaschkanone" bezeichnet

Privatarchiv des Autors, PA-0031, Feldküche im Sommer

Wertstellung der Feldküche

Beinahe jeder kennt das alte Armee-Sprichwort unbekannter Herkunft: *„Ohne Mampf kein Kampf!"*

Mit einfachen Worten wird hier ausgedrückt, wie enorm wichtig die „Gulaschkanone" war.

Den hohen Wert der Feldküchen und wie man sich dieser „psychologischen Waffe" bedienen konnte, zeigte Generalleutnant Ernst-Günther Baade *(geb. 20.08.1897 in Falkenhagen, verst. 08.05.1945 in Bad Segeberg).*

Generalleutnant Baade übernahm im Dezember 1943 die arg gebeutelte *90. Panzer-Grenadier-Division*. Baade formte die Einheit neu, entband einige Offiziere von deren Aufgaben, drückte der 90ten seinen persönlichen Stempel auf und kümmerte sich beharrlich um das Wohlergehen seiner Leute. Hierzu gehörte u.a., dass der ranghohe Offizier bei jedem Kompaniebesuch zuerst die Feldküche begutachtete und sich davon überzeugte, dass sich im Kessel ein anständiges Stück Fleisch befand. Baade war der Meinung, dass „Suppenessen" feige macht.

Bei ansteigenden ungeordneten Absetzbewegungen zog Baade seinen Trumpf aus dem Ärmel. Er nutzte die Anziehungskraft der Feldküche und ließ diese nach vorn (in Richtung HKL) bringen. Die Grenadiere folgten ihren „Gulaschkanonen", drohende Lücken in der Front blieben geschlossen.

Zugehörigkeit der Feldküchen

Die Feldküchen gehörten zum Gefechtstross. Sie wurden auf Kompanieebene betrieben und eingesetzt. Als Personal waren pro Feldküche zwei Feldköche, zwei Hilfssoldaten sowie der Fahrer des Bocks und der Fahrer des Sattels vorgesehen. Alle waren mit Gewehren bewaffnet.

Aufbau der Feldküchen

Die Feldküchen bestanden aus der eigentlichen Feldküche, einem einachsigen Wagen in Holzbauweise mit Kochvorrichtung, Brennstoff und Zubehör und dem ebenfalls einachsigen Vorderwagen mit Protzkasten, dem Bock.

Je nach Größe wurde zwei- oder vierspännig gefahren. (Das Eigengewicht der großen Feldküche Hf. 11 betrug ca. 1,5 t)

Die große Feldküche Hf. 11 (Heeresfeldküche Modell 1911) war für Kompanien von 125 bis 250 Mann ausgelegt. Kernstück der Konstruktion war ein doppelwandiger, runder Kessel mit 150 bis 200 l

Fassungsvermögen. Der Hohlraum zwischen beiden Kesseln war mit Glyzerin gefüllt, sodass die zubereiteten Speisen nicht anbrennen konnten.

Weiterhin vorhanden war ein rechteckiger Kaffeekessel mit 90 l Inhalt. Die Ausgabe erfolgte über einen Abflusshahn.

Der Speisekessel verfügte über einen Deckel mit Sicherheitsventil. Beide Kessel wurden von unten mit beheizt.

Ab 1913 waren die Feldküchen zusätzlich mit einem Bräter und einem Warmhaltefach, je 30 l Volumen, ausgerüstet.

Unter dem Kutschbock befand sich ein Hohlraum, der als Vorratsbehälter genutzt wurde. Wichtige Utensilien waren (z.B. Kellen, Kochlöffel u.a.) in einem Fach der Feldküche verstaut. Es wurden auch Thermobehälter für den Transport der warmen Mahlzeiten zur Truppe mitgeführt. Das Ofenrohr konnte während des Marsches umgeklappt werden.

Aufgrund der anhaltenden Restwärme in den Kesseln, konnte vorgekocht werden und die Mahlzeit garte ohne weiteres Beheizen fertig. Diesen Vorteil nutzte man z.B. während des Marsches, denn das Ofenrohr wurde nicht mehr benötigt.

Die kleine Feldküche Hf. 12 (Heeresfeldküche Modell 1912) unterschied sich lediglich in den Abmessungen vom Modell Hf. 11. Sie war für eine Versorgung von 60 bis 125 Mann ausgelegt. Der Speisekessel hatte ein Fassungsvermögen von 125 l, der Kaffeekessel konnte mit 60 l gefüllt werden.

Der Spitzname „Gulaschkanone" besteht seit Einführung der Feldküche und wird bis heute verwendet.

Beide Feldküchenmodelle wurden unverändert von der Wehrmacht, wie zuvor schon von der Reichswehr, übernommen.

Für die motorisierten Einheiten der Wehrmacht wurden die Feldküchen auf Gummibereifung umgestellt und als Einachsanhänger angekuppelt.

Als weitere Variante bei den schnellen Truppen war die Montage der Gulaschkanone auf der Ladefläche eines Lkw oder eines Halbkettenfahrzeugs üblich.

Verpflegung der Soldaten

Auf Anordnung des Ib (verantwortlicher Leiter der Quartiermeisterabteilung der Division, meist im Rang eines Majors i.G. analog zur Waffen-SS im Rang eines SS-Sturmbannführers) wurde dem Verpflegungsamt, aufgrund der gemeldeten Verpflegungsstärken der Einheiten von den Verpflegungslagern, -magazinen bzw. Bäckerei- und Schlachterei-Kompanien, der errechnete Satz zur Verfügung gestellt. Der Nachschubführer sorgte für den Transport.

Standardmäßige Tagesverpflegung eines Soldaten:

a) Kaltverpflegung

-   750 g Brot
-   45 g Butter oder Fett
-   120 g Wurst/Fisch/Käse (frisch oder Konserven)
-   200 g Marmelade/Honig
-   7 Stück Zigaretten oder 2 Zigarren (analog hierzu auch Tabak in vergleichbarer Menge)
-   1 Rolle Drops / Traubenzucker

b) Warmverpflegung

-   750 g Kartoffeln, Gemüse, Teigwaren, Reis
-   120 - 250 g Frischfleisch (nach Verfügbarkeit)
-   45 g Pflanzen- oder Tierfett
-   15 g Zutaten (Salz, Gewürze)
-   8 g Bohnenkaffee und 10 g Kaffee-Ersatz (Getreidekaffee), oder Tee
-   Eier, Obst (nach Verfügbarkeit)

Das Frischfleisch mit Zutaten und Fett wurde als warmes Essen in der Feldküche zubereitet. Ebenso Kaffee und Tee, die als Warmgetränk ausgegeben wurden.

Der Verpflegungsbedarf wurde aus den vorhandenen Beständen der Waffen-SS bzw. aus dem Land (abhängig von Region und Jahreszeit) gedeckt.

Zusätzlich wurde – nach Verfügbarkeit – Marketenderware ausgegeben. Diese bestand aus unterschiedlichen und sehr begehrten Dingen wie Schnaps, Cognac, Wein, Bier, Rauchwaren, aber auch aus notwendigen Sachen wie Toilettenartikel aller Art oder Briefpapier und Schreibzeug.

Eiserne Ration (auch Eiserne Portion genannt)

Von dieser besonders haltbaren und durch spezielle Verpackung geschützten Notverpflegung wurden pro Soldat zwei volle Sätze auf den Feldküchen oder beim Tross mitgeführt.

Sie bestand aus:

- 250 g Hartzwieback
- 200 g Fleischkonserve
- 150 g Suppenkonserve (entweder Suppenkonzentrat oder Erbswurst)
- 20 g Kaffee

Die Soldaten, die sich im Fronteinsatz befanden, erhielten eine sog. „gekürzte Eiserne Ration", die theoretisch nur auf Befehl verzehrt werden durfte. Während des Krieges zeigte sich diese Theorie jedoch als unhaltbar. Die Landser entschieden i.d.R. selbst wann sie ihre Eisernen Rationen verzehrten.

Diese bestand aus 250 g Hartzwieback, verpackt im Beutel, und einer 200 g Fleischkonservenbüchse. Die Eisernen Rationen wurden stets am Mann (z.B. im Brotbeutel) mitgeführt.

Roman

In den Reihen der 20. Waffen-Grenadier-Division der SS (estnische Nr. 1) befanden sich auch Scharfschützen. Losgelöst vom Rest der Einheit stellen Sie sich einem übermächtigen Feind und fügen diesem mit ihren Präzisionswaffen immer wieder schmerzhafte Verluste zu.

Der Romanteil berichtet vom Schicksal dieser Männer.

Bis auf historische Persönlichkeiten sind alle Namen frei erfunden. Jegliche Ähnlichkeiten mit realen Personen wären rein zufällig.

Im Fadenkreuz der Jäger

Die *3. Estnische SS-Freiwilligen-Brigade* lag seit Oktober 1943 im Raum Newel in Stellung. Das Land war weit und einsam. Es schien nur aus Urwald zu bestehen, der von schier undurchdringlichen Sümpfen und Mooren durchzogen war. Die größtenteils unbefestigten Straßen zogen sich wie Schlangen durch die Landschaft. Bei Regenwetter verwandelten sie sich in lehmigen Schlamm und ihre Benutzung war ebenso verhasst, wie der Feind selbst.

Die Esten kämpften für die Freiheit ihres Landes. Es war ihnen weitgehend egal unter welcher Flagge sie in den Krieg zogen. Sie alle, die Freiwilligen aus Estland, hatten nur ein Ziel. Sie wollten die Rote Armee besiegen und als freie Menschen in ihre Heimat zurückkehren, die 1940 von Russland zwangsannektiert und später von Deutschland besetzt wurde.

Die estnischen Soldaten hatten ihre Feuertaufe längst überstanden und gezeigt, dass sie im Kampf gegen die Rote Armee den deutschen Truppenverbänden in nichts nachstanden.

Der Herbst verabschiedete sich und der Schlamm der Straßen gefror. Der Winter hatte Einzug gehalten. Es war klirrend kalt. Eisige Ostwinde wehten über das verschneite Land und vermittelten den Eindruck, dass es kälter war, als das Thermometer tatsächlich anzeigte. Noch lag rund ein halber Meter Schnee und die Temperatur pendelte sich bei minus 15 Grad Celsius ein.

Die estnische Kompanie rollte nach vorn. Sie kamen aus der Etappe und sollten ihre Kameraden aus den vordersten Stellungen herauslösen. Stumm saßen die SS-Männer auf den Pritschen der Lastwagen. Eingehüllt in dicke Mäntel, die weißen Tarnanzüge übergestreift, dösten sie so gut es ging. Die Kälte kroch langsam unter die Uniformen und jeder hoffte, dass die Bunker in den Stellungen über Kanonenöfen verfügten.

Hinter einem Opel Blitz rollte ein mittlerer Einheits-Pkw der Nachrichter. Die lange Antenne wippte bei jeder Bodenwelle hin und her. Das als Fernsprechbetriebswagen eingesetzte Fahrzeug war mit zwei Nachrichtensoldaten besetzt. Einer von ihnen war Antu Tormis. Der Achtzehnjährige hatte sich freiwillig an die Front gemeldet. Ein Lächeln zog über sein Gesicht, als der Fahrer zum dritten Mal binnen einer Minute heftig fluchte.

„Verdammt noch mal! Wenn der Hornochse vor mir nicht weiß, wann er Gas geben und wann er bremsen soll, muss er zurück zur Kavallerie wechseln!"

Der Pkw rumste förmlich in ein Loch, schleifte mit der Bodenwanne über eine Eisfläche und kämpfte sich mit aufheulendem Motor wieder nach oben. Antu Tormis wurde kurz aus dem Sitz gehoben. Der Este hielt sich fest und plumpste wieder zurück. „Das war aber heftig!"

„Du kannst leicht lachen, Antu! Setz du dich mal hinters Lenkrad! Das ist kein Spaß hinter diesem Kutschknecht herzufahren. Wahrscheinlich stammt er aus irgendeinem Fischerdorf und verwechselt Bootfahren mit Lastwagenfahren!"

„Reg dich doch nicht so auf, Laari", beruhigte Antu den Fahrer. „Schau nach vorn. Wir lassen das Waldgebiet hinter uns und fahren durch offenes Land. Da ist die Straße sicher frei von Schlaglöchern und angenehm zu befahren."

„Sumpf", verbesserte Laari. „Vor uns liegt nichts anderes als Moor- und Sumpfgebiet. Der Unterschied liegt lediglich darin, dass jetzt alles zugefroren ist", schimpfte er weiter.

„Es macht keinen sonderlich großen Spaß, neben einem Griesgram zu sitzen. Wenn dich das hier alles so aufregt, warum denkst du dann nicht an etwas Schönes?"

„An was denn?"

„Denk doch an zu Hause."

„Jetzt wo du es sagst, fällt mir ein, dass ich heute noch gar nichts gefrühstückt habe. Bin einfach nicht dazu gekommen!"

„Dann wird's aber Zeit!"

„Kein Wunder, dass alles schief läuft. Du kennst doch die alte estnische Bauernweisheit, oder?"

„Welche?"

„Wenn du morgens vor dem Frühstück auf nüchternen Magen einen Vogel zwitschern hörst, bringt das Unglück, Krankheit oder Tod!"

„Du spinnst ja gewaltig!"

„Ich kann mich nicht erinnern, heute schon das Zwitschern eines Vogels gehört zu haben. Ich muss sofort etwas essen."

Antu bückte sich und griff nach seinem Brotbeutel, der zwischen den Beinen im Fond des Fahrzeugs lag. „Warte, ich breche dir ein Stück Brot ab, dann kommen wir ohne Unglück weiter", grinste er bei bester Laune.

„Du stammst wohl aus der Stadt?"

„Wie kommst du darauf?"

„Du klingst so gebildet, und außerdem sprichst du Deutsch."

„Aufgrund meiner Sprachkenntnisse bin ich ja auch zu den Nachrichtern gekommen. Und um deine Frage zu beantworten …", sagte er, macht eine kurze Pause und reichte dem Fahrer ein Stück Brot, „… ja, ich komme aus der Stadt. Ich bin in Tallin geboren und aufgewachsen."

„Du kommst aus Reval?", fragte der Fahrer und nannte Tallin dabei beim alten Stadtnamen.

„Ja."

„Ich war mal in Reval", ergänzte Laari und hörte weiter den Ausführungen seines Nebenmannes zu.

27

„Deutsch habe ich in der Schule gelernt. Eigentlich wollte ich mal Lehrer werden, aber als die Russen kamen, war alles plötzlich ganz anders."

„Wie meinst du das?"

Antu Tormis Gesicht veränderte sich. Der bis dahin fröhlich dreinblickende blonde Soldat zog nun eine traurig-finstere Miene. „Mein Vater war Lehrer und politisch nicht auf der Linie der Kommunisten. Sie holten ihn eines Tages ab und er kehrte nie zurück. Nachfragen meiner Mutter wurden abgeblockt. Als die Deutschen kamen, stellte sich heraus, dass er in der Haft verstorben war. Sie haben ihn irgendwo verscharrt. Die Umstände sind bis heute nicht geklärt. Meine Mutter zerbrach daran und ...", Tormis Augen wurden feucht, seine Stimme begann etwas zu zittern. „... sie brachte sich um. Meine kleine Schwester und ich ...", er konnte die Tränen nicht mehr zurück halten und begann vollends zu weinen.

„Schon gut, Antu", meinte der Fahrer mit ruhiger Stimme und beschleunigte, da sich der Abstand zum Opel Blitz vergrößert hatte. „Alle, wie wir hier sind, haben mit dem Russen eine Rechnung ...", der Satz wurde nicht beendet. Eine heftige Detonation zerriss die Luft.

Wumm

Die Erde begann binnen Sekunden zu beben. Überall krachten Granaten in die gefrorene Erde. Eisbrocken, Schneestaub und harte Erdstücke wurden mit den scharfkantigen Granatsplittern durch die Luft gewirbelt. Schrapnells bohrten sich in die Bleche der Fahrzeuge, zerfetzten Reifen, zerrissen die Planen der Lastwagen und gruben sich in das Fleisch der Soldaten.

Der Fahrer des Nachrichtenwagens riss das Lenkrad herum. Tormis krallte sich fest. Der Funksprechwagen geriet ins Schleudern. Sie kamen von der Fahrbahn ab und schlitterten unkontrolliert über die Schneefläche. Weitere Granaten detonierten in unmittelbarer Nähe des Militärkonvois.

Wumm

Laari hielt krampfhaft das Lenkrad fest. Glas splitterte. Die Geräuschkulisse wuchs an. Blutspritzer verteilten sich im Inneren des Pkw. Erst ein paar Spritzer, dann schwallartig. Antu Tormis verspürte einen scharfen Schmerz am Bein, schrie auf. Sein Blick fiel auf den Fahrer. Der Kopf seines Nebenmannes wackelte unnatürlich hin und her. Der Wagen kam von der Fahrbahn ab und überschlug sich.

Verzweifelt versuchte sich der Achtzehnjährige irgendwo festzukrallen, um dann die Arme doch schützend vors Gesicht zu reißen.

Wieder detonierte eine Granate nächst des Pkw. Splitter bohrten sich mit grässlichem Scharren in das Blech und surrten durch das Fahrzeuginnere. Etwas Heißes schürfte über Tormis Rücken. Es waren nur Sekundenbruchteile in denen er sah, wie der Kopf des Fahrers zur Seite fiel und die Sicht in den offenen Hals freigab. Dieser Anblick fraß sich in Tormis Gedächtnis und sollte nie wieder gelöscht werden. Mit diesem Schreckensbild im Kopf wurde der SS-Nachrichter aus dem Fahrzeug geschleudert. Der Aufprall war zwar hart, aber durch die Schneedecke, die nur im oberen Bereich leicht angefroren war, erträglich. Dennoch blieb Tormis benommen liegen.

Schüsse krachten. Projektile fetzten in die Seiten der Opel Blitz Lastwagen. Soldaten sprangen von den Pritschen und suchten Deckung.

„Panzer!", brüllte jemand.

„Sie kommen von der Flanke!", schrie ein anderer.

Hastig wurden die Panzerabwehrkanonen von den Zugmaschinen abgeprotzt, in Stellung gebracht und geladen. Die Panzerjäger leisteten Höchstarbeit. Der Gefechtslärm war zu einem höllischen Inferno angewachsen. Getrieben von Panik und Angst wurden die ersten Granaten zu schnell abgefeuert und verfehlten zuhauf ihre Ziele.

„Konzentriert euch!", versuchte ein Scharführer seine Männer zu beruhigen.

Maschinengewehre begannen zu rattern. Die Schreie der Verwundeten mehrten sich. Kettengerassel und schwere Motoren raubten die letzten Nerven.

Wumm

Feuersäulen und schwarze Rauchschwaden stieben in den klaren kalten Winterhimmel. Erste Treffer ließen Hoffnung aufkeimen. Die Panzerjäger hatten den ersten Schock überstanden und sich eingeschossen.

Tormis hob den Kopf. Er sah lodernde Panzer. Der Geruch von verbranntem Öl stieg in seine Nase. Das linke Bein schmerzte und ein quälend-peinigendes Gefühl, ähnlich eines starken Muskelkaters, breitete sich über seinen Rücken aus. Er hob den Oberkörper an und robbte ein paar Meter nach vorn. Der Este war leicht benommen und versuchte die stärker werdenden Schmerzen zu verdrängen. Tormis fühlte keine Kälte. Projektile pfiffen durch die Luft. Ein Maxim-MG hielt eine ganze Gruppe der estnischen SS-Männer in Deckung. Immer wieder hieben die Garben über die Köpfe von Tormis Kameraden hinweg. Hinter ihm lag das Wrack des Nachrichtenfahrzeugs auf dem Dach. Die Beine des toten Fahrers ragten hervor. Sofort hatte der junge SS-Mann wieder das Bild des abgerissenen Kopfes im Sinn. Er selbst war von oben bis unten mit dem Blut seines Kameraden besudelt.

Unweit von Tormis stand eine überrollte Pak. Das Rohr ragte drohend in den Himmel. Nicht weit weg davon befand sich ein brennender Panzer.

Vermutlich wurde er im Nahkampf geknackt, schoss es durch das Gehirn des Verwundeten.

Die Mannschaft war nicht zu sehen. Sie hatten wohl ihr Grab im Bauch des Stahlkolosses gefunden. Der beißende Geruch verstärkte sich. Das Szenario vor ihm war wie ein Blick in die Hölle. Flammen fraßen sich in das zerschossene Wrack eines Opel Blitz. Der Este fragte sich, wie ein Stahlgerüst nur so brennen konnte. Sämtliches entflammbares Material müsste doch längst verbrannt sein. Was um Himmels Willen nährte dann das Feuer?

Neben dem Lastwagen lagen rußgeschwärzte Leichen im Schnee. Verbranntes Fleisch!

„Deckung!", plärrte jemand und Tormis legte sich instinktiv flach in die Mulde zurück, die er mit seinem Körper in den Schnee gepresst hatte. Fast gleichzeitig surrten die Geschosse einer MG-Garbe über ihn hinweg. Mit dem Mut der Verzweiflung und voller Wut kroch er weiter nach vorn. Der Este legte Meter für Meter zurück. Nichts konnte ihn aufhalten. Entweder war es der blanke Hass auf die Rote Armee oder der Schock, der den Schmerz verdrängte. Endlich war er an seinem Ziel angekommen. Er hatte die toten Kameraden erreicht. Die Hitze des brennenden Opel Blitz ließ den Schnee um diesen herum schmelzen. Tormis fand schnell wonach er suchte. Er packte sich einen Karabiner 98, zog aus einer vermutlich aus dem Lastwagen hinausgeschleuderten Munitionstasche drei Reservestreifen Patronen und kroch weiter. Sein Blick fiel auf das Mündungsfeuer des Maxim-MG. Nicht weit weg davon huschten weiße Gestalten über den Schnee. Irgendwo war dumpf der Abschuss einer Pak zu hören. Tormis blendete die herrschende Geräuschkulisse aus. Der Achtzehnjährige legte an. Er schätzte die Entfernung ab, stellte die Visierung entsprechend ein und ging wieder ins Ziel. Er sah nur noch den schießenden Feind. Bilder seiner Eltern wanderten durch die Gedankenwelt. Erinnerungen krochen nach oben. Tormis verdrängte alles und zielte. Der Zeigefinger schob sich nach hinten. Nun war der Druckpunkt erreicht. Vom MG-Schützen konnte er lediglich ein kleines bisschen Helm erkennen. Tormis schätzte einfach den Rest des Körpers ab und hielt für den Schuss die Luft an. Er zog den Zeigefinger ganz nach hinten, der Schuss brach, der Kolben wuchtete leicht gegen die Schulter. Das MG schwieg. Tormis repetierte. Er erkannte eine Bewegung hinter dem sowjetischen Maschinengewehr. Wieder ging er ins Ziel, blieb ruhig und drückte ab. Das Maxim schwieg weiterhin.

„Uräähhh!", brüllten die angreifenden Rotarmisten.

Tormis suchte den vordersten Russen, zielte und schoss. Der getroffene Soldat überschlug sich und blieb liegen. Jemand in den Reihen der Angreifer brüllte lautstark Befehle. Der Este erkannte einen wild umher fuchtelnden Russen. Wieder wanderte der Lauf des Karabiners herum. Einatmen, die Hälfte wieder ausatmen. Luft anhalten, im Ziel bleiben, Druckpunkt suchen, Schuss!

Der russische Offizier sank zu Boden.

Die estnischen Kameraden hatten zwischenzeitlich den guten Schützen auf ihrer Seite längst bemerkt.

Als der nächste angreifende Sowjet von Tormis getroffen wurde, sprangen die Esten auf.

„Angriiiifff!", brüllte der deutsche Untersturmführer, der sie befehligte.

Er stürmte los, die Infanteristen folgten wild schreiend. Beide Parteien stießen aufeinander. Bajonette wurden nach vorn gestoßen, Karabiner als Keulen verwendet. Männer wälzten sich im Schnee. Spaten wurden erhoben und mit Wucht auf Köpfe und Körper des Feindes geschlagen. Binnen kürzester Zeit war der Boden blutrot gefärbt.

Tormis konnte Freund und Feind nicht mehr unterscheiden. Er sah nur noch weiße Knäuel mit roten Flecken. Er legte den Karabiner zur Seite. Kälte zog sich von den Fußspitzen bis zu seinem Kopf. Er begann zu zittern. Schwarze Punkte tanzten vor den Augen des jungen Soldaten herum. Der Schmerz kehrte zurück und wuchs mit jeder Sekunde an. Die ausgeblendete Geräuschkulisse schien ohne Ankündigung mit einem Schlag zurückgekehrt zu sein. Tormis wollte schreien. Die über ihn hereinbrechende Ohnmacht wurde als Erlösung begrüßt. Er fühlte sich ganz leicht und schwach. Antu Tormis ließ sich gedanklich einfach fallen. Das Atmen wurde flacher. Dunkelheit brach über ihn herein.

Er spürte Schläge. Jemand schlug ihm dauernd gegen die Wange und rief dabei seinen Namen. Immer wieder schlug man ihn.

Was soll das?

Tormis öffnete die Augen.

„Er lebt! Er ist wieder da!", schrie jemand.

Der Verwundete sah alles wie durch einen seidenen Vorhang. Das Bild seiner Mutter tauchte vor ihm auf. Er war wieder der kleine Junge, der in Tallin im Hospital lag. Wieder dieser Schmerz.

„Hoch mit ihm!"

Es schaukelte. Wie in Trance öffnete er erneut die Augen. Soldaten trugen eine Bahre. Als er später abermals die Augenlider nach oben hob, schaukelte es anders. Er hörte das ruhige Brummen eines Motors. „Bleib ruhig, Kamerad! Du schaffst es", sagte jemand zu ihm. Es war heiß und kalt zugleich.

Er spürte die Spritze nicht, die man ihm in den Oberarm jagte. Tormis ließ sich gehen und sackte in seine Traumwelt zurück. Alles war so weit weg. Schlafen! Er war müde und wollte nur noch schlafen. Diese Ruhe.

Als Tormis erwachte und die Augen öffnete, roch es nach Karbol. Er lag in einem Bett. Weiße Laken und frisches Bettzeug. Jemand stöhnte. Tormis wendete den Kopf. Neben ihm stand noch ein Bett. Ein Mann schien im Fieber zu sprechen, sabbelte aber nur unverständliche Worte. Dabei stöhnte er immer wieder heftig.

„Er wird es nicht schaffen", kam es ächzend aus der anderen Ecke des Zimmers. Der Redner sprach akzentfrei Deutsch. „Sie haben ihn zusammen mit dir gebracht. Anfangs sah er ganz gut aus, aber dann kam das Fieber."

Tormis war schwach. Er wollte antworten, doch sein Mund war ausgetrocknet. Außer einem „Chhrr…", kam nichts über seine Lippen.

„Schon gut, Kamerad. Du hast auch nicht besser ausgesehen. Ich dachte schon, du gehst drauf. Bist 'n harter Bursche, obwohl du eigentlich recht schmächtig aussiehst."

Jetzt hatte sich Tormis umgedreht. Er sah in das Gesicht eines älteren Soldaten. Dieser setzte sich halb auf und lächelte.

„Ich heiße Herbert", stellte er sich vor. „Herbert Fuchs. Eigentlich Scharführer Fuchs, aber hier im Krankenhaus sind wir alle gleich. Da zählen weder Dienstrang noch Lametta. Du kannst Herbert zu mir sagen."

Der Este versuchte sich ebenfalls aufzusetzen, was erst nach ein paar Versuchen klappte. Jetzt erst spürte Tormis den Verband am Oberkörper. Sein Bein war dick eingegipst. Blitzschnell kehrte die Erinnerung zurück. Erst fetzenartig, wie durch einen nebligen Vorhang, dann war alles plötzlich so klar, als würde er alles in diesem Moment noch einmal erleben. Tormis schloss die Augen. Er blickte wieder in den offenen Hals seines fast enthaupteten Fahrers. Geschüttelt von einer Panikattacke, öffnete er seine Augen. Der Este verspürte plötzlich Durst. Auf dem Nachtkästchen neben seinem Bett befanden sich ein emaillierter Krug und ein Becher. Fuchs bemerkte Tormis Blicke.

„Da ist Wasser drin. Schaffst du es? Falls nicht, ich kann schon humpeln", erklärte er. Fuchs hatte kaum ausgesprochen, als er auch schon aufstand, zu Tormis Bett hinkte, sich auf die Kante setzte und Wasser in den Becher goss. Dankend nahm der Este den Becher und trank. Schluck für Schluck kehrte Leben in seinen Körper zurück. Zuerst ließ die pappige Trockenheit nach, dann konnte er die Zunge bewegen. Als das Wasser seine Kehle hinab rann, spürte der SS-Mann jeden Zentimeter, den das lebenswichtige Nass auf dem Weg zum Magen zurücklegte. Er räusperte sich. „Da…Dan..ke", sagte er. Dann trank er noch einmal und nahm einen zweiten Anlauf. „Danke."

„Na also", grinste Fuchs, „du kannst wieder sprechen."

„Ich heiße Antu Tormis", stellte sich der Este vor.

Fuchs zog die Augenbrauen nach oben. „Du bist gar kein deutscher Junge?"

Kopfschütteln. „Ich bin Este."

„Hätte ich nicht gedacht."

„Wo bin ich?"

„In einem Kriegslazarett der Waffen-SS. Von welchem Haufen bist du?", kam die Gegenfrage.

„Ich bin Nachrichtenmann bei der 20. Estnischen SS-Freiwilligen-Division."

„Da schau an. Ein Funker", bemerkte Fuchs und begann zu grübeln.

Tormis machte es sich etwas bequemer, indem er das Kopfkissen aufschüttelte.

Jetzt stellte der Scharführer die Frage, die ihn wohl seit einiger Zeit beschäftigte. „Wie hat sich das mit deiner Verwundung abgespielt?"

Der dritte Patient begann wieder laut zu stöhnen. Der Scharführer wollte gerade nach Hilfe rufen, als die Tür aufging. Eine Krankenschwester kam herein und mit ihr ein kräftiger Schwall karbolhaltiger Luft. Das Desinfektionsmittel schien sich auf einmal überall zu befinden. Die Krankenschwester ging sofort an das Bett des fiebernden Soldaten. Eine Hand griff an die Stirn, eine zweite zauberte ein Fieberthermometer hervor. Sie hatte Tormis den Rücken zugewandt. Nach einer Weile begutachtete sie das Thermometer. „Um Gottes Willen", stieß sie aus und rannte aus dem Zimmer.

Tormis konnte einen bekannten Akzent erkennen. Nur wenige Minuten später kam sie mit einem Arzt und zwei Helfern zurück. Zuerst fühlte der SS-Arzt den Puls des Patienten, dann wurde noch einmal Fieber gemessen.

„Bringen Sie ihn rüber. Wenn wir das Fieber heute Nacht nicht runter bekommen, habe ich keine Hoffnung mehr", presste der Arzt hinaus. Er schien in Eile zu sein und verließ den Raum genauso schnell, wie er zuvor herein gehetzt war. Die beiden Helfer schoben das Bett in den Flur, während sich die Krankenschwester zu Tormis umdrehte. Sie war hübsch und etwa in seinem Alter. Als sie registrierte, dass der Este in seinem Bett saß, lächelte sie. „Tere päevast!", sagte sie, was „Guten Morgen", in estnischer Sprache bedeutete.

„Tere päevast", antwortete Antu Tormis. Er hatte sich in dem Akzent nicht getäuscht.

Fuchs humpelte zurück zu seinem Bett.

„Ich habe Ihnen doch verboten zu laufen", schimpfte die Krankenschwester mit dem Scharführer. Diesmal sprach sie Deutsch.

„Er hatte Durst", versuchte dieser sich herauszureden und deutete auf seinen Bettnachbarn.

„Ja, ja", entgegnete sie, dann erklärte sie Tormis einiges zu seiner Situation. Der Este erfuhr, dass er weit weg von der Front in einem Kriegslazarett lag. Sein Bein war gebrochen. Ein Splitter hatte den Rücken aufgerissen, ein weiterer war dicht neben der Wirbelsäule eingedrungen und musste operativ entfernt werden. Alles war bestens verlaufen.

„… und der Offizier bestand darauf, dass der Chef selbst die Operation vornimmt", erklärte die estnische Krankenschwester.

„Ein Offizier?"

Sie nickte. „Sogar ein hoher Offizier! Er sagte, Sie seien ein Kriegsheld und berief sich auf Standartenführer Augsberger persönlich. Der Divisions-Führer verlangte beste Behandlung!"

Tormis war erstaunt. „Ich? Ein Kriegsheld? Der Divisionskommandeur selbst hat sich für mich eingesetzt?"

Ohne weiter darauf einzugehen, berichtete die Estin über Tormis Verletzungen und wie viel Glück er gehabt hatte. Angeblich fehlten nur wenige Millimeter und er wäre gelähmt gewesen. Schließlich sah sie auf ihre Armbanduhr. „Ich habe noch mehr zu tun", verabschiedete sich die Schwester und verließ das Krankenzimmer.

Herbert Fuchs hatte die ganze Zeit aufmerksam zugehört. „Das war ja richtig nett von euch, die Unterhaltung in meiner Muttersprache zu führen."

Tormis wendete sich dem Scharführer zu. Dieser hob die Augenbrauen. Deutlich war zu erkennen, dass er einen Gedankenblitz hatte. „Jetzt weiß ich wer du bist", pulverte er aus. „Ich habe es im *Reiter 'gen Osten* gelesen. Der Artikel des Kriegsberichterstatters hatte es in sich. Dein Nachrichtenwagen wurde von einer Panzergranate zum Wrack geschossen. Schwer verletzt hast du dich nicht aufgegeben, sondern dem Feind zum Kampf gestellt. Mit einem einfachen Karabiner hast du eine wahre Meisterleistung vollbracht. Du hast auf mehrere hundert Meter ein sMG der Sowjets ausgeschaltet und anschließend durch gezieltes Feuer einen Infanterieangriff vereitelt. Deine angeschlagene Kompanie konnte dadurch das Blatt wenden. Der russische Panzerangriff mit aufgesessener Infanterie wurde abgewehrt. Du sollst mindestens sieben bestätigte Abschüsse getätigt haben. Und das alles trotz deiner schweren Verwundung. Ein junger Untersturmführer hat alles fein säuberlich notiert und es weiter gemeldet. So wurde es zumindest geschrieben."

Tormis schossen erneut die Bilder des Kampfes durch den Kopf. Er erinnerte sich schlagartig an alles. Die Fahrt, das Gespräch mit dem Fahrer, der Granateneinschlag und die Wut, die ihn den Schmerz der Verletzungen verdrängen ließ. „Du weißt ja mehr als ich", antwortete der Este und zwang sich ein Lächeln von den Lippen.

„Ich bin Waffenmeister und habe schon etliche Scharfschützen ausgerüstet. Bislang war noch keiner dabei, der mit einem einfachen 98er Karabiner so eine Leistung vollbracht hat. Ich schätze, du wirst bald von deiner Einheit hören. Sie pflegen nicht jeden SS-Mann so gut wie dich! Du wurdest zum Helden gemacht, Junge!"

Privatarchiv des Autors: PA-0094 – Lazarett – Soldaten mit Krankenschwestern

Die Worte des Scharführers hallten noch lange im Gedächtnis des Esten nach. Tage und Wochen zogen dahin. Als Antu Tormis endlich wieder komplett genesen und einsatzfähig war, hatte der Frühling den Winter längst verdrängt und der Sommer klopfte bereits an. Die Division hatte ihre Neugliederung hinter sich und hieß nun *20. Waffen-Grenadier-Division der SS* mit dem Zusatz: *estnische Nr. 1.* Die Einheit war an die Narwa-Front verlegt worden. Zum Waffen-Sturmmann befördert und mit dem Eisernen Kreuz 2. Klasse ausgezeichnet, zeigte Antu Tormis stolz sein Soldbuch vor, als er seinen Dienst wieder antrat.

„Tormis?", grübelte der Spieß. „Für dich habe ich ´nen Lehrgang. Hat der Alte schon mit dir gesprochen?"

„Ich war noch nicht beim Kompaniechef."

„Klar! Wann denn auch?", grinste der Oberscharführer. „Du kommst ja frisch aus der Etappe zur Truppe."

„Was ist das denn für ein Lehrgang?"

„Wir würden dich gern bei den Scharfschützen sehen! Der Chef und auch der Regimentskommandeur sind sich da einig."

Der wiedergenesene Este musste nicht lange überlegen. Während der langen Zeit im Krankenhaus dachte er häufig über seine Zukunft nach und fragte sich, wie es weitergehen sollte. Tormis fühlte sich weder als Nachrichter noch als einfacher Infanterist wohl. Zudem ging er davon aus, dass er aufgrund seiner guten Deutschkenntnisse nicht allzu große Auswahl in Bezug seiner weiteren Verwendung bekommen würde. Auch die Arbeit im Divisionsstab, wo immer Platz für deutsch sprechende Esten war, sagte ihm nicht zu. Er wollte den verhassten Russen bekämpfen. Er wollte nach vorn und im Kampf die Rache suchen. Sie trieb ihn an. Grenzenloser Hass war der Motor, dessen Brennstoff das Unrecht war, welches seiner Familie durch die russischen Besatzer zugefügt wurde. Als Scharfschütze hätte er die Möglichkeit, weitgehend allein zu arbeiten. Tormis wusste nicht was auf ihn zukam, doch spontan war er hoch zufrieden. Scharführer Fuchs hatte Recht behalten. „Sehr gern! Wann muss ich wohin?", fiel ihm nicht schwer zu antworten.

„Sachte, sachte, Kamerad! Als erstes möchte dich der Chef sprechen. Als du dein Lametta erhalten hast, war er im Urlaub. Den Wisch dafür hat er aber selbst unterzeichnet. Er möchte dir persönlich gratulieren."

„Danke."

„Setz dich dorthin, ich stelle zwischenzeitlich schon mal den Marschbefehl aus."

Als er später vom Kompanieführer begrüßt wurde, hörte der Este noch einmal, welchen Ruf er mittlerweile besaß. Mit einer Mischung aus Stolz und Verwunderung genoss er den Kaffee und das Gebäck, während sein Vorgesetzter scheinbar endlos wahre Lobeshymnen über ihn verlauten ließ. „… und deshalb gibt es gar keine andere Alternative. Ich muss Sie als Scharfschütze einsetzen! Ich hoffe nur, dass unser Kommandeur nicht darauf besteht, Sie im Scharfschützenzug zu verwenden. Hier bei der Kompanie wäre der richtige Platz für Sie!"

„An mir wird es nicht liegen", antwortete der junge Sturmmann diplomatisch.

Antu Tormis saß im Militärtransportzug und blickte aus dem Fenster. Das am Kragen getragene Wappen, ein gepanzerter Arm mit Schwert und einem gebogenem E in der Armbeuge, spiegelte sich in der Scheibe wider. Instinktiv sah er auf seinen Ärmel und strich mit den Fingern der rechten Hand über das estnische Hoheitsabzeichen. Es zeigte die estnischen Farben blau-schwarz-weiß in horizontalen Balken mit drei darüber liegenden Löwen, die nach links schauten. Der Soldat gab ihnen die Namen seiner Eltern und seiner Schwester. *So kann ich euch immer bei mir tragen,* dachte er dabei.

Privatarchiv des Autors: PA-0092 – Zug - Soldatentransport

Die Fahrt war für den Esten relativ kurzweilig. Anfangs genoss er es, aus dem Fenster zu sehen und die Landschaft zu beobachten, später unterhielt sich der Mann aus Tallin mit seinen Kameraden. Am Zielbahnhof angekommen, folgte er erst einmal dem Gros der Gruppe.

„Halt! Papiere!", stieß ihn unvermittelt ein SS-Feldgendarm von der Seite an.

Tormis blieb stehen und öffnete die Brusttasche. Er zog sein Soldbuch mit dem Marschbefehl heraus und gab es dem Untersturmführer. Während dieser die Papiere prüfte, standen zwei weitere Feldgendarmen daneben. Einer hielt eine MP auf Tormis gerichtet, der andere starrte in die Menge. „Muss das sein? Ich mag es nicht, wenn man auf mich zielt!", beschwerte sich der Este.

„Halts Maul! Du sprichst nur, sobald du gefragt wirst", pulverte der Mann mit der MP zurück.

„Ich möchte gern Ihren Namen und den Namen Ihres Vorgesetzten haben."

„Das geht dich einen Kehricht an!"

„Ich bin Sturmmann bei der Waffen-SS und habe an der Front meine Tapferkeit bewiesen, wie Sie an meiner Auszeichnung erkennen können", konterte der junge Soldat schneidig und zeigte auf das im zweiten Knopfloch getragene Band des EK II.

Erst jetzt schien der Unterscharführer, der immer noch die Papiere kontrollierte, die Streiterei mitzubekommen. Neugierig beobachtete er die beiden Kontrahenten.

„Und ich bin Feldgendarm und richte meine Maschinenpistole dorthin, wo ich es für nötig halte. Und wenn du auch nur eine falsche Bewegung machst, Kamerad Tapfer, dann kann es sein, dass mein Zeigefinger …"

„Müller! Beherrschen Sie sich! Vor Ihnen steht ein dekorierter Soldat der Waffen-SS und kein Sträfling!"

Verdutzt blickte der Mann mit der MP den Unterscharführer an. „Aber … das …", stammelte er.

„Dieser Este wird Scharfschütze. Sie können ja gern mit ihm tauschen und statt seiner den Lehrgang absolvieren! An der Front werden immer Männer gebraucht!"

Über Tormis Gesicht huschte ein Lächeln. Es war das Grinsen des Siegers. Der Lauf der MP senkte sich, Tormis bekam seine Papiere zurück.

„Danke", sagte er und schob sie wieder in die Brusttasche der Feldbluse. Bevor er noch einmal nach dem Namen des Vorgesetzten fragen konnte, gingen die drei Feldgendarmen weiter. Für sie war der Vorfall erledigt. „Dann eben nicht", flüsterte der angehende Scharfschütze leise und setzte seinen Weg fort.

Die befürchtete Kasernenstimmung blieb aus. Der Ton der Vorgesetzten war lange nicht so streng wie bei der Grundausbildung. Tormis fühlte sich von Anfang an wohl. Nachdem er in einer der zugewiesenen Baracken Unterkunft bezogen hatte, lernte er seine Lehrgangskameraden kennen. Es waren ausnahmslos Esten. Ein besonders hoch gewachsener Kamerad schien ihn zu kennen. „He! Du bist doch der Nachrichter über den geschrieben wurde, oder?", bellte der Soldat mit sympathischer Ausstrahlung vom oberen Stockbett herunter, als er Tormis sah und erkannte.

„Woher kennst du mich?", fragte der Mann aus Tallin nach. Der Artikel des Kriegsberichterstatters war ihm zwischenzeitlich fast peinlich. Er wollte nicht der Held sein, für den er gehalten wurde.

Der Hüne sprang mit einem Satz von seinem Bett, ging zu Tormis und reichte ihm die Hand. „Ich bin Kaimar Ilves. Ich war dabei!"

„Wie dabei?"

„Ich gehörte zu den Soldaten, die vom Maxim beschossen wurden und nicht mehr links oder rechts aus ihrer Deckung kamen."

Verblüfft und wortlos starrte der Neuankömmling Ilves an.

„Ohne dich hätten sie uns allesamt niedergemetzelt! Dir verdanke ich mein Leben!"

„Jetzt übertreib mal nicht! Ihr seid doch vorgestürmt und habt die Russen im Nahkampf überwältigt!"

„Schon, aber ohne dich wären wir festgesessen. Mann, hattest du eine ruhige Hand! Wie hast du das nur fertiggebracht? Wir waren total überrascht, als wir dich nach dem Kampf fanden. Du warst mehr tot als lebendig."

„Keine Ahnung. Jedenfalls war ich wochenlang außer Gefecht!"

Die beiden verstanden sich auf Anhieb und sollten auch während der Lehrgangsdauer ständige Konkurrenten im freundschaftlichen Sinn bleiben. Schon nach den ersten Schießübungen ragten die Ergebnisse von Tormis und Ilves hervor. Während Ilves das Schießen von klein auf gelernt hatte, da er mit seinem Vater im Wald lebte und jagen ging, war Tormis einfach ein Naturlatent. Niemand wollte ihm glauben, als er erzählte, dass er während der Grundausbildung zum ersten Mal in seinem Leben ein Gewehr in den Händen gehalten hatte.

Es folgte der Unterricht zur Waffenkunde. Der Ausbilder brachte hierzu mehrere Waffen mit, auf denen Zielfernrohre montiert waren.

Auf einem der Tische lagen alle nebeneinander. Die Lehrgangteilnehmer begutachteten einen K 98k mit dem Zielfernrohr 41, ein Walther Selbstladegewehr 43 mit dem ZF 4, ein Gewehr 41 mit ZF 41, einen K 98k mit kurzer Seitenmontage und dem Zeiss Zielsechs, sowie einen K 98k mit Turmschwenkmontage. Dann lag noch ein russisches Mosin-Nagant in der Scharfschützenausführung, nebst PE Zielfernrohr auf dem Tisch.

Privatarchiv des Autors: PA-0093 - Schießen - Waffenausgabe

Jede Waffe wurde ausführlich vorgestellt und von den Männern begutachtet. Nach der Theorie ging es wieder zum Schießstand. Die Lehrgangsteilnehmer sollten sich mit allen Waffen beschäftigen und diese kennenlernen. Es galt Vorzüge und Nachteile auszuloten, um am Ende des Lehrganges einen persönlichen Favoriten zu haben. Analog hierzu mussten sie sich ebenso mit den diversen Zielfernrohren und deren Feinheiten auseinandersetzen.

Am nächsten Tag ging es ins Gelände. Die Lehrgangsteilnehmer lernten Entfernungen abzuschätzen und Geländegegebenheiten für sich zu nutzen. Zudem wurde schwerpunktmäßig auf das Thema Tarnung und Taktik eingegangen.

„... und denkt immer daran", mahnte der Ausbilder, „ihr müsst für den Gegner immer unsichtbar bleiben! Jeder Schuss muss sitzen und ihr solltet aus jeder Stellung möglichst auch nur einmal schießen. Legt euch mehrere Stellungen an und benutzt diese auch! Eine sichere Tarnung muss nicht nur blitzschnell vonstattengehen, sondern sollte auch einfach, aber effektiv sein. Hüllt euch mit Mist ein, wenn es nicht anders geht! Seid einfallsreich, denn euer Leben hängt davon ab. Ich muss nicht betonen, welches Schicksal euch erwartet, wenn ihr dem Feind in die Hände fallt und er euch als Scharfschütze erkennt!"

Ein Raunen ging durch die Gruppe der SS-Männer.

„Ich möchte hierzu keine brutalen Beispiele anführen, aber denkt immer an meine Worte!"

Privatarchiv des Autors: PA-0091 – Schießübung

Wieder einen Tag später marschierten sie zum Waffenmeister. Es war soweit. Die Scharfschützen sollten ihre persönlich ausgewählten Gewehre mit Zielfernrohren ausgehändigt bekommen.

„Die nächsten können kommen", hörte Tommys, der vor der Waffenkammer in der Warteschlange stand. Es wurden immer nur zwei Schützen gleichzeitig in den Raum gelassen. Die Stimme kam dem Esten bekannt vor. Der Sturmmann grübelte. Er konnte sich ein breites Grinsen nicht verkneifen, als in seinen Gedanken endlich das passende Gesicht zur Stimme auftauchte. Die Vorfreude auf die Waffenausgabe wuchs. Es dauerte etwas länger als eine Viertelstunde, bevor er die vertraute Stimme erneut hörte. Es wurde nach den beiden nächsten Scharfschützen gerufen. Tormis betrat den Raum. Zwei Männer standen hinter zusammengeschobenen Tischen.

„Vortreten, einer links, einer rechts an den Tisch!", donnerte es befehlsgewohnt. Der Scharführer blickte nicht auf. Er hatte sich

42

gebückt und kramte in einer Truhe herum. Dann legte er ein paar Ausrüstungsgegenstände auf den vor ihm stehenden Tisch. Neben dem Scharführer stand ein Rottenführer. Auch er legte diverse Ausrüstungsgegenstände auf den Tisch.

Tormis deutete seinem Nebenmann an, zum Rottenführer zu gehen und baute sich selbst vor dem Scharführer auf, der immer noch in gebückter Haltung in der Truhe herumfuchtelte.

„Name!", wurde dem Esten entgegen geschmettert. Der Waffenmeister achtete immer noch nicht auf den vor ihm stehenden Soldaten.

„Mit gebrochenem Bein warst du aber wesentlich höflicher", feixte der Este und wartete auf eine Reaktion.

Schweigen. Der Scharführer schoss nach oben. Das Gesicht war glühend rot angelaufen. Er hatte gerade für eine Schimpfkanonade Luft geschnappt und würgte sein: „Welcher kleine Schei...", ab. Stattdessen schnaufte Herbert Fuchs laut hörbar aus, ging gewandt um den Tisch herum und streckte die rechte Hand zur Begrüßung aus. „Antu, alter Este! Schön dich wieder zu sehen! Wie geht's dir denn so?", kam im Schwall über die Lippen des altgedienten SS-Mannes.

Tormis lieferte einen Schnellbericht ab. „Nachdem du deinen Genesungsurlaub in die Heimat angetreten hast, musste ich noch zwei Wochen aushalten."

„Und? Hast du dich dann noch mit der estnischen Krankenschwester getroffen? Wie hieß sie doch gleich wieder?", fragte der Scharführer neugierig nach.

Tormis bekam etwas Farbe im Gesicht. „Nun ja", druckste er herum.

„Sag schon, Junge!"

„Ja, klar", antworte er. „Ihr Name war Maie und wir trafen uns jeden Tag."

„Erzähl!"

„Da gibt es nichts zu erzählen. Wir haben uns getroffen, sind spazieren gegangen und haben uns unterhalten."

„Mehr nicht?"

„Mehr nicht! Maie meinte, dass wir uns nach dem Krieg treffen wollen und dann sehen werden, wie es weitergeht. Sie war mal verlobt. Er ging zu den Waldbrüdern und kam nie wieder zurück. Entweder lebt er als Partisan irgendwo in den Wäldern und bekämpft Russen oder er ist tot. Sie möchte so etwas nicht noch einmal erleben. Dafür hatte ich Verständnis."

„Und du? Wie ging es bei dir weiter?"

„Meine Verletzung am Rücken heilte schnell. Außer ein paar Narben ist nichts geblieben. Da hatte ich Riesenglück. Und die Schrammen am Bein sind auch wieder verheilt. Ich konnte meine Genesungszeit in Tallin verbringen. Dort habe ich viel mit meiner kleinen Schwester unternommen. Sie lebt bei meinen Großeltern."

„Und jetzt?"

„Jetzt bin ich wieder zur Truppe gekommen und habe den Vorschlag meines Vorgesetzten angenommen, mich als Scharfschütze ausbilden zu lassen."

„Das habe ich damals schon geahnt."

„Was machst du hier?", kam jetzt eine Frage von Tormis.

„Ich bin von der Wiking zur neu aufgestellten 20. Division gewechselt. Dachte mir, dass die Esten noch einen fähigen Waffenmeister brauchen könnten", meinte Herbert Fuchs verschmitzt. „Naja, und die Schulterklappen des Oberscharführers gibt's nach drei Monaten auch obendrauf!"

„Sollten wir nicht weitermachen?", schlug Tormis vor.

Fuchs sah auf seine Armbanduhr. „Heinz! Wenn du fertig bist, sag den anderen draußen, sie sollen nach der Mittagspause wieder kommen. Bei mir dauert es noch ein Weilchen." Fuchs wendete sich nun seinem Kameraden zu, mit dem er drei Wochen im gleichen Krankenzimmer gelegen hatte. „Du bekommst von mir die beste Ausrüstung! Hier, damit fangen wir an", sagte er entschlossen und legte zwei Feldstecher auf den Tisch. „Ich gebe dir beide Gläser. Einmal das Modell 6 x 30 und einmal das Modell 10 x 50. Klar, dass du nachher auch die Scharfschützenjacke absolut passend bekommst. Dir wird es an nichts fehlen. Welches Gewehr liegt dir am besten?"

„Eigentlich unser K 98k."

„Nicht die neue Waffe?"

Tormis schüttelte den Kopf. „Ist zwar aufgrund des schwächeren Rückstoßes angenehm zu schießen, aber die Zielgenauigkeit leidet ein wenig. Mit dem Karabiner habe ich die höhere Präzision."

„Und was ist mit der schnelleren Schussfolge?"

„Als Scharfschütze muss mir ein einziger Schuss genügen, dann ist das Ziel erledigt oder ich bin es!"

Fuchs nickte zustimmend und legte ein nagelneues Scharfschützengewehr, Mauser K 98k auf den Tisch. „Ich nehme an, dass du dich bezüglich des Zielfernrohres auch schon entschieden hast."

Tormis zeigte auf das Modell Zielsechs von Zeiss. „Das ist ein Traum!"

„Du weißt, dass du Waffe und Optik wie ein rohes Ei behandeln musst. Jeder Stoß und jeder Schlag können bedeuten, dass die Waffe neu eingeschossen werden muss."

Der Este nickte. „Ist mir vollkommen klar."

„Welche Pistole?"

„Gibt's da auch ´ne große Auswahl?"

„Ich habe die 08, die Walther P 38 und ein paar Exemplare von der Steyer Pistole M 12 in der Kammer liegen."

„Gib mir einfach die 08. Damit kenne ich mich aus."

„Nun zur Munition, mein Freund."

„Gibt es da Unterschiede?"

„Du schießt im Allgemeinen natürlich mit herkömmlichen Spitzgeschossen aus maschineller Fertigung. Wir haben immer welche für euch Scharfschützen gebunkert. Aber für besondere Ziele wirst du auch besondere Munition benötigen", erklärte der Waffenmeister und legte drei Schachteln Munition auf den Tisch. „Das sind Beobachtungspatronen. Diese Explosivgeschosse sind nach der Genfer Konvention eigentlich für den Einsatz gegen Menschen verboten, aber der Iwan verwendet diese Art von Munition schon seit 1941. Wir antworten nur entsprechend! Diese drei Päckchen sind für dich, falls dein Bataillons-Waffenmeister keine zur Verfügung hat. Hier beim Lehrgang lernt ihr, damit zu schießen. Du wirst die Vorteile schnell erkennen."

Tormis schob die B-Patronen ein. Er hatte schon von Explosivgeschossen gehört und die Landser an den Fronten besaßen entsprechenden Respekt vor ihnen. Fuchs erklärte noch die Herkunft und Entwicklungsgeschichte sowie die Wirkung und Ladung der einzelnen Patrone.

Nachdem der angehende Scharfschütze ausgerüstet war, unterhielten sich beide Kameraden bis zum Ende der Mittagspause über belanglose Dinge und scherzten.

„Also dann, mein estnischer Freund", verabschiedete sich der Waffenmeister schließlich. „mach´s gut und wir sehen uns wieder.

Wenn du irgendetwas benötigst, dann stehst du bei mir auf der Matte. Alles klar?"

„Alles klar und vielen Dank!"

Theoretischer Unterricht beendete den Ausbildungstag.

In den nächsten Tagen machten sich die Scharfschützen mit ihren Waffen vertraut. Das Einschießen erfolgte, die Zielfernrohre wurden erst grob-, dann entsprechend feinjustiert. Hinreichendes Werkzeug stand jedem Schützen zur Verfügung und gehörte von nun an zur stets mitzuführenden Ausstattung.

Die SS-Männer waren von der neuen Munition begeistert. Sowohl die Qualität als auch die Vielfalt der Patronen sorgte für Furore. Endlich fühlte man sich den russischen Scharfschützen ebenbürtig. Nachdem die Lehrgangsteilnehmer mit ihren Waffen „eins" geworden waren, ging es wieder an den Stellungsbau im Gelände. Die *drei wichtigen W"* standen im Vordergrund. Wie komme ich unerkannt in meine Stellung, wie wieder heraus und wo befindet sich meine nächste Wechselstellung?

Ihnen wurde eingetrichtert, dass sie immer genügend Wasser, Proviant und Munition mitzuführen hatten. Ebenso wurde den Männern erklärt, dass sie ihre sichere Stellung bis zum erfolgten Schuss niemals verlassen durften. Auch die Notdurft hatten sie dort zu verrichten wo sie lagen, saßen oder standen. „Leere Dosen können hier sehr behilflich sein", riet ihnen der Ausbilder. „Ansonsten führt kein Weg daran vorbei, dass ihr euch in die Hosen macht!"

Die Gesichter reagierten unterschiedlich. Zwischen teilnahmslos, betroffen und entrüstet war alles dabei.

„Die Klamotten könnt ihr wechseln, das Leben nicht! Und wenn wir schon mal dabei sind", fuhr der Ausbilder fort, „könnt ihr euch schon mal Gedanken darüber machen, wie ihr euch verhaltet, wenn ihr entdeckt worden seid! Vorschläge?", wurde als Frage in die Runde geworfen.

„Abhauen", rief jemand.

„Ausharren", meinte ein anderer.

Nach ein paar weiteren vorgebrachten Ideen zeigte der Ausbilder auf eine Stellung. „Nehmt mal an, ihr liegt dort. Der Feind hat euch ausgemacht und feuert mit dicken Rohren. Damit meine ich Werfer, Ratsch-Bumm und so 'n Zeug! Wie verhaltet ihr euch?"

„Wie wir es gelernt haben", meldete sich Ilves zu Wort. „Immer im Zickzack davonlaufen!"

„Richtig!", lobte der Ausbilder. „Wenn ihr Leben wollt, müsst ihr im Hasensprung wegrennen. Jeder von euch kennt die Fähigkeiten der russischen Richtschützen. Sie beherrschen ihr Handwerk und haben sich binnen kürzester Zeit eingeschossen. Wenn ihr den Beschuss in der Stellung aussitzen wollt, machen die Iwans auch aus euch Hackfleisch!"

Einigen Lehrgangsteilnehmern wurde nach und nach bewusst, auf was sie sich eingelassen hatten. Erst einmal als Scharfschütze identifiziert, würde man sie notfalls bis ans Ende der Welt jagen und vernichten. Es gab keine Gnade!

Die Tage verflogen und etwas früher als geplant kam das abrupte Ende des Scharfschützenlehrgangs. Der Lehrgangsleiter trat vor die Männer. „An der Front rumort es und eure Einheiten brauchen euch! Ihr seid zwar nur durch ein Schnellprogramm gelaufen, aber die Ausbilder haben mir bestätigt, dass alle Anwesenden die Sache gut gemacht haben. Heute veranstalten wir zum Abschluss ein Wettschießen und die drei Bestplatzierten bekommen einen Preis. Anschließend setzen wir uns noch einmal zusammen. Jeder erhält seine Lehrgangs-Bescheinigung und selbstverständlich auch seine eigene Waffe mit Zielfernrohr persönlich ausgehändigt. Das wird natürlich in die Wehrpässe eingetragen."

Tormis belegte den zweiten Platz. Der Preis hierfür waren drei Liter Freibier, die bei der anschließenden Feier gleich vernichtet wurden. Die Stimmung war ausgelassen und die jungen Männer der Waffen-SS genossen den Abend.

Als sie am nächsten Morgen mit dem Zug wieder zurück zu ihren Einheiten fuhren, waren sie stolz auf das Erreichte. Jeder trug sein Scharfschützengewehr bei sich, Tormis noch zusätzlich zwei Päckchen der Explosivgeschosse. Eines hatte er an Kaimar Ilves abgegeben, der ihm zum guten Freund geworden und obendrein auch Lehrgangsbester war. Jetzt waren sie ausgebildete Scharfschützen. Antu Tormis hatte erreicht, was er erreichen wollte. Er freute sich beinahe auf die kommenden Aufgaben, ohne auch nur im Geringsten zu ahnen, was wirklich auf ihn zurollte. Noch saßen die Esten singend und scherzend im Zug. Bald würden sie einen Krieg führen, der sie körperlich und nervlich ausmergeln sollte.

47

Nachdem sie sich zurückgemeldet hatten, wurde Ilves zum Regimentszug beordert, Tormis hingegen durfte bei der Kompanie bleiben. Sein Hauptsturmführer konnte sich durchsetzen und den Scharfschützen auf Kompanieebene einsetzen.

Sowjetunion-Nord. - Scharfschütze (?) im Schützengraben/Unterstand mit Gewehr (mit Zielfernrohr); Einsatzkommando I, 1944 August - September
Bundesarchiv, Signatur: Bild 101I-734-0017-01

Es sprach sich schnell herum, dass sich beim Feind etwas rührte. Jeder der Frontsoldaten wusste, dass eine Offensive kurz bevor stand. Der Frontabschnitt der Kompanie wurde verstärkt und nicht nur Pioniere schufteten beim Stellungsbau. Immer wieder zogen russische Aufklärer ihre Kreise am Himmel. Die Führung wurde unruhig und verlangte Informationen. Immer wieder kam es vor, dass sowjetische Spähtrupps die Vorposten überwältigten und verschleppten. Als binnen zwei Tagen der dritte Mann aus der Stellung verschwunden war, reichte es Juhan Vilde, dem Kompaniechef. Bereits am gleichen Tag seines

Eintreffens vom Lehrgang, wurde Tormis zum Kompaniegefechtsstand beordert. In voller Montur betrat er das Gebäude. Er begrüßte einen weiteren wartenden SS-Mann. Wie sich herausstellte, handelte es sich um Mikhel Jannsen, der bereits seit vier Wochen von Hauptsturmführer Vilde als Scharfschütze eingesetzt wurde.

„Reinkommen", donnerte eine befehlsgewohnte Stimme.

Beide Soldaten betraten die Amtsstube. Ein beschäftigter Untersturmführer winkte sie wortlos weiter und zeigte zu einem Nebenraum. Die Tür stand offen. Noch bevor sie das Zimmer von Vilde betreten konnten, rief ihnen dieser entgegen: „Meine Herren, ich habe einen Auftrag für sie!"

Tormis und Jannsen bauten sich vor dem Offizier auf und standen stramm. Vilde war nicht allein in dem Raum. Ein SS-Mann hatte Nadeln auf eine Karte gesteckt, betrachtete sein Werk und verließ den Raum.

„Der Russe rüstet ganz offensichtlich für eine große Sommeroffensive. Wir wissen nicht, wann und wo er zuschlagen wird. Fest steht allerdings, dass er verstärkt Aufklärung betreibt. Hierzu schickt er nahezu jede Nacht seine Spähtrupps aus und verschleppt unsere Vorposten. Binnen kürzester Zeit haben wir zwei Mann verloren. Wir verstehen nicht, wie er das macht. Sie werden sich ...", begann Vilde ohne Umschweife, dann stockte er. „Entschuldigung, ich habe Sie noch gar nicht einander vorgestellt."

Im Schnellverfahren erfuhr Tormis, dass Jannsen ein guter Schütze war, aus dieser Gegend stammte und sich dementsprechend bestens auskannte. Bislang wurden ihm drei Abschüsse bestätigt. Jannsen benutzte ein russisches Beutegewehr Mosin-Nagant mit vierfachem PE-Zielfernrohr. Munition für das Gewehr stand ausreichend zur Verfügung.

„Nachdem wir das geklärt haben, erhalten Sie jetzt Ihren Auftrag. Schützen Sie die Posten, verbreiten Sie bei den Sowjets Angst und Schrecken und erledigen Sie so viele Iwans wie möglich. Ich weiß, dass Sie mehr Abschüsse haben werden, als man bestätigen wird, aber das sollte nicht unser Problem sein. Ich lasse Ihnen sämtliche Freiheiten, die Sie benötigen und erwarte nach Ihrer Rückkehr unverzüglich Meldung. Sollten Sie länger im Feld bleiben, sehen Sie zu, dass Sie über einen Melder, Vorposten oder sonst jemanden Meldung erstatten. Zu Ihrer Kenntnis, die Regimentsscharfschützen sind anderweitig eingesetzt und werden Ihnen in unserem Abschnitt nicht in die Quere kommen. Besorgen Sie sich ausreichend Verpflegung und Ausrüstung. Wenn jemand Schwierigkeiten macht, kommen Sie sofort zu mir!"

Die beiden Männer nickten. „Verstanden!"

Es war soweit. Der erste Auftrag stand bevor. Tormis und Jannsen verließen den Kompaniegefechtsstand. Nach ein paar Metern blieben sie stehen. Jannsen zog eine Packung Zigaretten heraus, buhlte eine Zigarette aus der leicht zerknüllten Schachtel und steckte sie in den Mund. Er bot Tormis eine an, der dankend ablehnte.

„Ich rauche nicht."

Jannsen schob die Packung wieder ein und zündete die Zigarette an. Genüsslich sog er den Rauch tief in die Lungen.

„Dann werden wir wohl ab heute zusammenarbeiten", begann Tormis und versuchte das Gespräch in eine bestimmte Richtung zu lenken. Er musste Jannsen einschätzen können.

„Sieht so aus", antwortete der eher wortkarge Jannsen.

„Hast du den Lehrgang mitgemacht?"

„Zum Scharfschützen? Nee", schüttelte dieser den Kopf. „Schießen kann ich und die Gegend kenne ich auch bestens", kam es leicht überheblich.

„Du musst dennoch einiges lernen!"

Jannsen wandte sich ab.

„Du brauchst nicht gleich eingeschnappt sein. Ich wollte dir nur das zeigen, was mir beigebracht wurde. Ich selbst war noch nicht draußen im Einsatz, daher bist du der wichtigere Mann von uns beiden."

Jannsens Gesichtsausdruck hellte auf. „Ich bin ein guter Schüler. Ich werde den einen oder anderen Kniff sicher schnell von dir lernen", sprudelte er aus, dann zuckte Jannsen mit den Augen. Es war, als wäre ein Gedankenblitz durch seinen Kopf gerast. Er hatte sich in Tommys getäuscht. Der heimische Este rechnete vor dem Zusammentreffen mit seinem berühmten Kameraden mit einem zum Helden hochstilisierten Scharfschützen, der nach dem absolviertem Lehrgang entsprechend hochmütig auftreten würde, doch Tormis war das Gegenteil von allem. Er war einfach nur sympathisch. Genau das musste er nun loswerden. „Ich dachte, du wärst hochnäsig", stieß Jannsen unverblümt aus.

Tormis war erstaunt. „Warum sollte ich das sein?"

„Wegen dem Zeitungsbericht!"

„Es wäre mir lieber gewesen, sie hätten nichts geschrieben."

„Komm, wir gehen zum Küchenbullen und holen uns Proviant. Unterwegs haben wir genug Zeit zum Quatschen.

Beide bekamen Proviant für vier Tage. Als sie ihren Rucksack packten, gab Tormis seinem zweiten Mann dünnen Draht und Schnur. Beides hatte er vom Lehrgang mitgebracht. „Für die Tarnung", sagte er beiläufig. Dann gab er eines der beiden Ferngläser ab. „Beide sind nagelneu. Nimm du das hier, ich nehme das andere."

Dankbar steckte Jannsen die Ausrüstungsgegenstände ein. Gemeinsam mit einem Zug Infanteristen gingen sie nach vorn. Sie fielen auf. Ihre Gewehre verrieten sie als Scharfschützen. Die Augen einer am Wegrand lagernden Gruppe Pioniere saugten sich förmlich an Tormis und Jannsen fest. In diesem Moment lösten sich die beiden Scharfschützen von den Infanteristen und verschwanden in Richtung Niemandsland. Die Pioniere blickten ihnen noch lange nach.

Jannsen übernahm die Führung. „Wir haben noch gute zwei bis drei Kilometer vor uns. Der Frontverlauf ist hier nicht so eindeutig. Im Wald verschwimmen die Linien. In der offenen Ebene und auf den Straßen verhält es sich anders."

Sie gingen einen Pfad entlang. Viele Soldatenstiefel hatten ihn förmlich in den Waldboden getrampelt. Der Einheimische erklärte, dass hier die Ablösemannschaften, Spähtrupps und Essenholer entlang gehen. „Mitten im Wald, dort wo sich eine kleine Anhöhe emporhebt, ist noch eine Bunkerstellung. Man kann bis zum Russen hinüber schauen. Bis zu den Bunkern kommen wir problemlos voran, ab dann gibt es Stacheldraht und Sprengfallen. Dahinter beginnt das eigentliche Niemandsland."

„Ist das der Bereich, wo die Vorposten verschwunden sind?"

„Ungefähr mittig", kam es knapp. „Ich dachte mir aber, dass wir dort am besten eintauchen können. Ein Vorposten ist weiter unten verschleppt worden, ein anderer wesentlich weiter nördlich. Wir suchen ihre Spuren."

„Wo gehen wir zuerst hin?"

„Nach Süden. Wenn der Russe noch einmal kommt, dann dorthin. Dort befindet sich die wichtigste Straße. Durchbricht er die dortige Stellung, kann er mit seinen Panzern tief ins Hinterland eindringen!"

„Gibt es hier russische Scharfschützen?"

„Ich habe von einer Scharfschützeneinheit gehört, die soll aber weiter oben eingesetzt sein. Ich glaube, dass die Regimentsscharfschützen dorthin unterwegs sind."

Die beiden Männer trugen Tarnkleidung. Auch Jannsen besaß die Scharfschützenjacke mit Kapuze. Außen befand sich das erdfarbene Tarnmuster, innen die weiße Beschichtung für den Winter. Über den Stahlhelmen war Stoff gespannt, der zusätzlich Laschen zum Einstecken von Tarnmaterial hatte.

Der von Jannsen genannte Bunker entpuppte sich als gut getarnte Feldstellung aus Rundhölzern.

Der Soldat auf dem Baumbeobachtungsstand dürfte für jeden russischen Scharfschützen ein einfaches Ziel darstellen, dachte sich Tormis, als er den Späher sah.

Der Unterstand selbst war massiv und bot ausreichend Platz für zwei Infanteriegruppen. An der rechten Flanke befand sich, zusätzlich zu den Schießscharten des Unterstandes, eine MG-Stellung. Das Vorfeld war weitläufig mit Stolperdraht-Hindernissen gespickt, an denen zum Teil Sprengfallen angebracht waren.

„Die Sperranlagen verlaufen partiell hufeisenförmig", flüsterte ihm Jannsen zu. „Falls der Russe nachts durchschleicht und von hinten angreift, wird er sein blaues Wunder erleben!"

Ein Unterscharführer begrüßte die beiden Scharfschützen und führte sie durch die befestigte Stellung. Als sie bei den Nachrichtern ankamen, sah Tormis ein bekanntes Gesicht. „Lennart, wie geht's denn?"

Ein Sturmmann drehte sich um und sprang auf. „Antu? Bist du es wirklich?"

„Wie er leibt und lebt", lachte der ehemalige Nachrichter.

Händeschütteln folgte.

„Ich habe gehört was euch passiert ist. War ´ne schlimme Sache. Ich mochte Laari. Erzähl doch mal, was machst du jetzt?"

Tormis und der Nachrichter unterhielten sich eine ganze Weile. Irgendwann sah der Scharfschütze auf die Armbanduhr. „Ich muss los", wollte er sich verabschieden und blickte sich nach seinem zweiten Mann um. Dieser saß mit dem Unterscharführer und zwei weiteren Soldaten zusammen. Jannsen bemerkte Tormis und winkte ihn zu sich her. „Antu, wir sind zum Essen eingeladen."

Im Narwabrückenkopf. In den am weitesten vorgeschobenen Stellungen des Abschnitts. Kampfbunker aus dichten Stämmen und Palisaden bilden hier die erste Linie, da Gräben wegen versumpften Böden nicht angelegt werden können. Ein Melder verlässt die Stellungen, die von niederländischen SS-Freiwilligen und deutschen SS-Grenadieren aus Siebenbürgen gehalten werden. Juli 1944
Bundesarchiv, Signatur: 101III-Fabiger-025-Bild19 Alte Signatur: Bild 146-1982-049-27A

Jetzt erst fiel dem Esten der Duft auf, der bereits seit geraumer Zeit in der Luft lag. Der Scharfschütze musste nicht lange überlegen. „Sehr gut! Ich habe Hunger wie ein Wolf!"

„Es gibt Kartoffeleintopf mit Bohnen und Fleisch!"

„Hört sich gut an. Ihr habt es wirklich idyllisch hier im Wald", bewunderte Tormis seine Kameraden.

„Und vor allem ist es hier noch läusefrei", lachte der Unterscharführer aus.

„Kocht ihr jeden Tag selbst?"

„Fast jeden Tag. Einer unserer Jungs ist gelernter Koch. Er hat sich eine kleine Küche gebaut, der Rest hat sich von selbst ergeben", der Unterscharführer deutete nach hinten. „Woher die Töpfe und Pfannen stammen, möchte ich nicht wissen", schmunzelte er augenzwinkernd.

Sie schlenderten zur Essensausgabe.

„Jätku leivale! – Gesegnete Mahlzeit!", sagte der Koch zu jedem Mann, der sein Kochgeschirr zum Füllen hinhielt.

Die warme Mahlzeit tat gut. Sie saßen auf Baumstümpfen und löffelten den kräftigen Eintopf. Tormis wusste nicht, wann er das letzte Mal etwas so Hervorragendes gegessen hatte. Der Geschmack war würzig-kräftig, das Fleisch butterweich und die Bohnen hatten noch einen kleinen Biss. „Sehr gut", lobte er den Koch.

Nach dem Essen wollte der Unterscharführer beide Männer überreden über Nacht in der Stellung zu bleiben, doch Tormis zog es nach draußen. Er wollte endlich das anwenden, was er gelernt hatte. Er wollte vom Gejagten zum Jäger werden. Tormis beabsichtigte beim Feind Angst und Schrecken zu verbreiten.

„Nein danke", lehnte der Sturmmann höflich ab. „Ich möchte das restliche Tageslicht nutzen und sehen, ob wir heute noch ein oder zwei Stellungen bauen und beziehen können."

Jannsen rauchte seine Zigarette zu Ende, nahm sein Gewehr in die Hand und nickte seinem Gefährten zu. „Wir können los!"

Anhand markanter Geländepunkte prägte sich der Mann aus Tallin die zurückgelegte Strecke ein. Sollte Jannsen aus irgendeinem Grund nicht mit ihm zurückkehren können, wollte er den Weg auch ohne seinen ortskundigen Partner wieder finden. Mal war es eine große, schief stehende Fichte, mal ein Findling. Hier ein knorriges Wurzelgebilde, dort die Mulde eines im Sturm entwurzelten Waldriesen. In nahezu gleichmäßigen Abständen merkte sich Tormis immer etwas Auffälliges.

„Wir müssen vorsichtig sein", mahnte Jannsen nach geraumer Zeit. „Ab hier würde es mich nicht wundern, auf Russen zu treffen."

„Wie weit ist es noch bis zur Straße?"

Jannsen überlegte kurz. „Eine knappe Viertelstunde, dann kannst du mit dem Fernglas sehen, was es beim Iwan zum Essen gibt."

„Wenn das hier Russengebiet ist, sollten wir anfangen ein paar Stellungen anzulegen. Dort hinten war eine große Mulde."

„Du meinst die bei der abgestorbenen Birke?"

Tormis nickte. „Das ist ein guter Ausgangspunkt und ein hervorragender Lagerplatz für die Nacht. Wir liegen verborgen, haben noch gute Sicht und ein entsprechend gutes Schussfeld."

„Wenn man im Wald überhaupt von Schussfeld sprechen kann", ergänzte Jannsen.

Die beiden Scharfschützen gingen zurück zur Mulde und richteten sich in dem natürlich entstandenen Erdloch einen Lagerplatz ein. Zweige und Laub dienten zur natürlichen Tarnung. Zufrieden betrachteten die beiden Esten ihr Werk. Man musste schon sehr aufmerksam hinsehen, um den Lagerplatz als solchen erkennen zu können.

„Jetzt sind wir dran", sagte Tormis und begann damit kleinere und größere Äste abzuschneiden. Er steckte sie in die Laschen seines Helmbezugs. Dann band er etwas Schnur um seinen Oberkörper und steckte auch hier etwas von den belaubten Ästen hinein.

„Womit?"

„Wir müssen uns tarnen! Oder was glaubst du, was ich hier mache?"

Jannsen begann zu lachen. „Du siehst aus wie ein Waldschrat."

Tormis betrachtete sich von oben bis unten und fing ebenfalls an zu lachen.

„Hilft ja nichts", meinte der Einheimische schließlich und begann ebenfalls damit, Zweige in die Laschen des Helmbezugs zu stecken.

Jeder der beiden Scharfschützen wusste um die Wichtigkeit der Tarnung. Nachdem sie fertig waren, sah Tormis erst auf seine Armbanduhr, dann nach oben. „Es wird bald dunkel. Lass uns noch einmal zu der Stelle gehen, wo man bis zu den Russen rüber sehen kann", schlug er vor. Kaum hatte der Sturmmann dies ausgesprochen, war er auch schon im Wald verschwunden.

„Nicht so schnell. Warte, ich komme ja schon."

Aufgrund der hervorragenden Tarnung hatte Jannsen anfangs Mühe seinen Kameraden zu sehen.

„Hierher", winkte Tormis.

Sie hatten nur die Feldstecher und ihre Waffen bei sich. Um die Zielfernrohre und Läufe war Tarnmusterstoff gewickelt.

Tormis bewunderte Jannsen ein wenig, da dieser so selbstsicher durch den Wald schritt, als wäre er in einer mit Straßennamen beschilderten Großstadt. Die Bäume standen nun etwas weiter auseinander und dadurch wurde es ein bisschen heller.

„Hier ist es!"

„Wo?", fragte Tormis verwundert nach. „Ich sehe gar nichts."

„Du musst schon nach oben. Von dort aus hast du beste Weitsicht."

Beide kletterten auf einen breiten, hoch gewachsenen Baum. Das Astwerk trug die beiden Männer spielend. Vom Meer wehte ein angenehmer Wind und trocknete den Schweiß, der über die Gesichter der Soldaten rann. Die Mühe hatte sich gelohnt. Sie konnten vom Baumwipfel aus tief ins Land sehen.

„Da fließt ja schon die Narwa", stellte Tormis erstaunt fest. „Ich dachte nicht, dass wir so nah am Flussufer sind."

„Na, was glaubst du denn, wo der Russe sitzt? Noch bildet der Fluss eine natürliche Grenze."

Mit den Feldstechern suchten sie die Gegend ab und entdeckten etliche Feuerstellen. Weiter hinten glaubte Tormis eine Panzerkolonne erkannt zu haben, wollte sich jedoch nicht festlegen. Es begann zu dämmern.

„Rechts neben uns liegt die „Nederland" in Stellung. Dort befinden sich auch die Stadt Narwa und die Eisenbahnlinie nach Tallin. Links von uns ist die Rollbahn."

„Mich wundert es, dass wir so weit vorgestoßen sind, ohne auf jemanden zu treffen."

„Du kannst keine Schützenkette quer durch dieses Land ziehen, Antu. Hier gibt es sehr viele Schlupflöcher. Aber alle wichtigen Knotenpunkte sind besetzt und dazwischen liegen überall …", Jannsen suchte das richtige Wort. Stirnfalten bildeten sich und das Gesicht entspannte sich erst Sekunden später wieder, als dem Esten der richtige Begriff einfiel, „… Meldepunkte. Genauso wie die Stellung hinter uns im Wald."

Sie wollten gerade vom Baum klettern, als Tormis eine Bewegung am gegenüber liegenden Flussufer erkannte. „Sei still!", mahnte er seinen Kameraden und hob den Feldstecher erneut an die Augen.

Jannsen schwieg augenblicklich und blickte ebenfalls durch sein Fernglas. Er suchte das Flussufer Meter für Meter ab, dann hatte auch er Tormis Entdeckung erspäht. Rotarmisten legten nächst des Ufers der Narwa zwei Boote zurecht. Sie fühlten sich zwar ziemlich unbeobachtet, dennoch hielten sie sich weitgehend im schützenden Dickicht des Waldrands auf. „Was haben die vor?"

Original-Vergleichsbild: Im Westen, Belgien, Frankreich.- Scharfschütze, getarnt mit Tarnparka, Stroh um Beine und Gewehr, in einem Baum mit Gewehr zielend; PK 698, Kurth, Bernhard

Bundesarchiv, Signatur :Bild 101I-297-1728-23

„Sie werden für einen Spähtrupp übersetzen."
„Und was hast du vor?"
„Wir spucken ihnen in die Suppe!"

Jannsen schwenkte sein Mosin-Nagant mit einem Schwung nach vorn. „Ich bin dabei, mein Freund."

„Als Scharfschütze bist du Jäger. Du musst wissen, auf welches Ziel du schießen willst. Der Schuss bedarf größter Vorbereitung und der Rückzug aus der Stellung muss gesichert sein! Wenn es normale Soldaten sind, die vor uns liegen, sind es einfache Ziele. Befindet sich ein Scharfschütze unter ihnen der sie absichert, werden wir nach dem ersten Schuss selbst zur Beute!"

Jannsen hielt inne. Tormis Worte hatten gesessen.

„Was schlägst du vor?"

„Ich weiß es nicht. Wir können warten oder schießen. Ehrlicherweise glaube ich nicht, dass ...", etwas blitzte auf. Instinktiv verharrte Tormis und brach mitten im Satz ab. Er beobachtete wieder mit dem Feldstecher die gegenüber liegende Uferseite und erkannte, dass ein Rotarmist am Waldrand stand und mit einem Fernglas die deutsche Uferseite absuchte. Der Scharfschütze nahm das Glas wieder herunter und zog ein kleines Resümee. Ihre Tarnung war perfekt und der Gegner konnte sie garantiert nicht ausmachen. Er fühlte sich sicher und sah das Überraschungsmoment auf ihrer Seite. „Wenn wir von hier oben schießen, erwischen wir zwei, drei oder auch vier Russen. Spätestens dann haben sie uns entdeckt!"

„Leuchtet mir ein", flüsterte Jannsen.

„Wir gehen runter, suchen uns einen guten Platz und schlagen zu!"

Sie kletterten vom Baum. Zwischenzeitlich war die Dämmerung gänzlich hereingebrochen und hüllte das Land in ein schläfriges Dunkelgrau. Tormis hatte schnell drei gute Stellungen gefunden, die er nacheinander aufsuchen wollte. Er war Jannsen bezüglich der besseren Optik im Vorteil. Jannsen sollte sichern und nach jedem Schuss sofort die Stellung wechseln. Tormis bläute Jannsen ein, dass dieser sauber und sicher schießen musste. „Und wenn wir beide jeweils nur einen Schuss abgeben, dann ist das eben so! Als Scharfschütze musst du immer der Jäger bleiben. Wenn du aus deinem Versteck nicht mehr sicher beobachten und zielen kannst, musst du gehen!"

Jannsen war ein aufmerksamer und guter Zuhörer. Tormis merkte schnell, dass der waldkundige Este sehr lernbegierig war. Das war gut so.

Nur Minuten später lagen sie in ihren Verstecken und zielten. Längst waren die Visiere eingestellt. Tormis sollte den Anfang machen,

Jannsen abwarten und erst nach dem dritten Schuss feuern. Dann hätte sein Kamerad in die von Jannsen am weitesten weg gelegene Stellung gewechselt. Von dort aus sollte der letzte Schuss erfolgen.

Tormis war leicht aufgeregt. Er spürte seinen Herzschlag trommeln, als die Rotarmisten sich im Schutz der Dunkelheit sicher fühlten und aus dem Wald heraus traten. Sie unterhielten sich. Manche Wortfetzen wurden vom Wind zu den beiden estnischen Scharfschützen herüber getragen. Lachen war zu hören. Zigaretten glühten auf.

Sie fühlen sich absolut sicher, ging es dem estnischen SS-Mann durch den Kopf. Er fühlte den Schaft des Gewehrs an der Wange. Die Zieloptik war perfekt. Der Lauf der Waffe wanderte von Soldat zu Soldat. Das Mondlicht genügte für eine präzisen Schuss.

Wo soll ich beginnen? Tormis erwartete die Schreckensbilder aus seinem Gedächtnis, die ihm im Krankenhaus ständig begleiteten, doch nichts dergleichen trat ein. Er war ruhig und konnte klar denken. Sein Puls schien sich normalisiert zu haben und auch sein Herz schlug nicht mehr schneller als üblich. Er war eiskalt. Es tat sich was. Jemand schien die Aufmerksamkeit der Rotarmisten geweckt zu haben. Das Lachen war verstummt. Ein Mann gab offenbar Instruktionen.

„Ah, ja! Da bist du", flüsterte der Este kaum hörbar, als er sein erstes Ziel anvisierte.

Zwei Boote wurden aus dem Wald gezogen. Je acht Mann trugen sie zum Wasser. Tormis Plan stand fest. Sobald sie sich in der Mitte der Narwa befanden, wollte er das Feuer eröffnen. Die Breite des Flusses schätzte Tormis an dieser Stelle auf ungefähr dreißig Meter.

Die Boote wurden ins Wasser geschoben, erste Soldaten stiegen zu. Der Scharfschütze hatte den tonangebenden Russen kurz verloren, ihn jedoch in einem der Boote wieder entdeckt, da er aufstand und Befehle zum anderen Boot hinüber schrie. Offenbar ging es ihm zu langsam. Fast gleichzeitig stießen die beiden Boote vom Ufer ab. Das Ziel war klar und deutlich zu erkennen. Der Kommandant des Spähtrupps hatte sich wieder hingesetzt.

„Ohne Anführer seid ihr hilflos", presste Tormis leise aus, atmete ein, stieß etwa die Hälfte des Luftvorrats wieder aus seinen Lungen aus, hielt die Luft an, war im Ziel und zog den Zeigefinger nach hinten. Der Schuss krachte laut und trocken. Sein Widerhall bellte weit hörbar durch das Waldgebiet. Das Ziel brach zusammen! Blitzschnell war repetiert und entgegen seinen eigenen Prinzipien ein zweiter Schuss abgegeben. Auch diesmal hatte sich Tormis ein Ziel im gleichen Boot ausgesucht. Der zweite Russe brach tödlich getroffen zusammen. Panik brach aus.

Stellungswechsel!

Hastig zog sich der Este kriechend zurück, stand auf und rannte zur nächsten Stellung. Dort angekommen, legte er sofort an und blickte durch die Optik. Immer noch herrschte Verwirrung. Einzelne Schüsse wurden auf die deutsche Uferseite abgefeuert. Die Atmung flachte ab, der Körper des Schützen wurde ruhiger. Es war wie eine Übung auf dem Schießplatz. Die Sowjets konnten nicht entkommen. Nachdem wieder ein Schuss aus dem K 98 krachte, bellte unmittelbar darauf Jannsens Gewehr auf. Tormis verlegte nur um ein paar Meter weiter nach rechts, feuerte ein zweites Mal, schob sich abermals durchs Dickicht und gab einen dritten Schuss binnen kürzester Zeit ab. Jannsen schoss ein zweites Mal. Bisher war jeder Schuss ein Treffer. Abermals wechselte Tormis die Stellung. Wie vereinbart, feuerte sein Partner kein drittes Mal, sondern konzentrierte sich auf etwaige russische Scharfschützen, die Tormis Stellung suchten. Dieser feuerte unablässig weiter. Wieder bellte sein Gewehr auf und ein Rotarmist stürzte tödlich getroffen in die Narwa. Der Este wechselte blitzartig die Position.

Tormis größte Angst war es, ins Visier eines russischen Scharfschützen zu geraten, auch wenn der Sowjet selbst dem Tod geweiht war. Jannsen war hochkonzentriert.

Tormis hetzte abermals durch das Grün des Waldes. Die letzte Stellung war erreicht. Wieder pumpten die Lungenflügel des Jägers. Der Brustkorb hob und senkte sich mit jedem Atemzug. Schweiß rann über die Augenbrauen, tropfte herunter und wurde mit dem Ärmel weggewischt. Die Finger kramten in der Brusttasche herum. Flink war ein neuer Ladestreifen eingeführt, allerdings mit der neuen B-Munition. Diesmal hatte sich Tormis die Boote als Ziel ausgesucht. Zwei trockene Schüsse wurden schnell hintereinander abgegeben. Die Spezialmunition fetzte jeweils faustgroße Löcher nächst der Wasserkante in die Außenwände der beiden Boote. Eines der Explosivgeschosse riss einem Russen ein Stück seines Unterschenkels weg. Blut spritzte umher. Schmerzschreie hallten herüber. Wasser drang ins Boot. Weitere panische Schreie folgten. Todesangst hatte sich längst unter den Sowjets ausgebreitet. Heftig rudernde Männer sorgten für den Rest. Unweigerlich sanken die beiden Boote. Ob einer der Insassen mit dem Ertrinken kämpfte oder ob es alle noch lebenden Rotarmisten ans Ufer schafften, würde Tormis nie erfahren. Der Einsatz des russischen Spähtrupps war verhindert. Sie hatten durch die deutschen Scharfschützen mindestens sieben Ausfälle zu beklagen. Die beiden Esten zogen sich zurück. Ihr erster Einsatz war erfolgreich beendet.

Heute Nacht wird an dieser Stelle garantiert niemand mehr übersetzen.

Stumm folgte Tormis seinem zweiten Mann.

Die Nacht hatte endgültig ihren Mantel über dem Land ausgebreitet. Im Wald war es nun stockduster. Lediglich fahles Mondlicht schimmerte hin und wieder durch die Baumkronen und gewährte ein paar Meter Sicht. Dennoch bahnte sich Jannsen zielsicher seinen Weg durch das Gehölz und führte Tormis problemlos zum Lagerplatz. Erst hier traute sich der ortskundige Este eine Zigarette zu rauchen. In der Mulde fühlte er sich unbeobachtet. Trotzdem hielt er den Stahlhelm vor das Streichholz und bei jedem Zug beide Hände schützend über die Glut. „Die kommen nicht mehr so schnell", sagte er mit leicht zittriger Stimme. Das Nikotin beruhigte ihn und seine angespannten Nerven nur langsam. Jeder Zug wurde tief in die Lunge inhaliert und langsam wieder ausgeatmet. Der Soldat der estnischen SS-Einheit wirkte sichtlich erleichtert.

„Nein, Kamerad. Sie werden kommen! Und zwar gewaltig! Als ich noch Nachrichter war und vermehrt die Meldungen über Späh- und Stoßtruppunternehmen eintrafen, folgte stets ein Angriff. Du wirst sehen, die Offensive steht kurz bevor!"

Sie hüllten sich in ihre Zeltbahnen, schoben noch zusätzlich Laub über sich und schliefen ein.

Während Antu Tormis bei seiner Kompanie als Scharfschütze z.b.V. eingesetzt wurde, musste sein Lehrgangskamerad Kaimar Ilves seinen Dienst im Scharfschützenzug z.b.V. des Regiments antreten. Tormis war vor der Zuteilung der Waffen mit Ilves zu Fuchs gegangen, um den Esten als guten Kameraden vorzustellen.

„Na dann, Junge", sagte Fuchs mit verschmitzten Grinsen im Gesicht, „bekommst du das zweitbeste Gewehr, das ich auf Lager habe."

Herbert Fuchs hatte Wort gehalten und auch Ilves eines der besseren K 98k überreicht. „Ich habe es selbst ausgesucht. Es gehört zu den besten Flinten, die ich jemals in den Händen gehalten habe", sagte er salopp. „Nur die sechsfache Optik kann ich dir nicht bieten. Für dich habe ich nur noch die Vierfache, aber in erstklassiger Qualität."

Ilves war hoch zufrieden.

„Achtung!", hallte die Stimme des Spießes über das Gelände. Ein Ruck ging durch die 29 Männer des Scharfschützenzuges. Sie standen in einer Linie und die Augen waren geradeaus auf ihren Zugführer gerichtet. Alle brannten auf ihren ersten Einsatz. Sie wollten zeigen wer sie waren und was sie konnten. Sie wollten dem Iwan das Fürchten lehren.

„Guten Morgen", plärrte der deutsche Untersturmführer, der den Scharfschützenzug befehligte.

Die Antwort kam wie aus einem Mund und das Echo trug den Gruß vielfach zurück. Untersturmführer Rehling stellte Ilves und die anderen neuen Schützen namentlich vor. Er sprach von Elite und Sonderaufträgen. Der Offizier redete von Mut, Tapferkeit und dem Sieg. „Vor unserer Kantine hängt ein Plakat. Auf dem könnt ihr es lesen: *Harte Zeiten, harte Pflichten, harte Herzen*. Die Soldaten, die ihr darauf seht ... seid ihr! Das muss in eure Köpfe rein, dann werdet ihr genügend Kraft schöpfen, um eure Ziele zu erreichen!"

Kaimar Ilves fiel auf, dass Rehling hinkte. Als der Zugführer ihm wieder mal den Rücken zugekehrt hatte, schubste Ilves seinen Nebenmann an. „Was ist mit ihm los?", flüsterte er.

„Beinschuss! War ein russischer Scharfschütze. Rehling hat sich freiwillig zu uns beworben. Er möchte die offene Rechnung begleichen", kam die leise Antwort.

„... müssen wieder los. Der Russe beginnt unruhig zu werden. Mir liegt eine Meldung vor, dass ein sowjetisches Scharfschützenregiment Stellung bezogen hat. Wir werden es finden und zeigen, dass ein Zug der Waffen-SS ausreicht, um ein Regiment der Roten Armee ins Wanken zu bringen. Weiterhin haben wir noch ein besonderes Problem ...", Rehling blieb direkt vor Ilves stehen. Seine Augen fixierten den Esten. Etwas Unheimliches lag im Blick des Untersturmführers. Ilves fühlte sich nicht allzu wohl.

„Sie waren Lehrgangsbester und haben zugleich einen kleinen Schießwettbewerb gewonnen. Stimmt das?", schweifte der Untersturmführer ab.

Ilves wusste, dass er auf die rhetorische Frage antworten musste. „Jawohl, Herr Untersturmführer!"

„Ihr erster Einsatz wird zeigen, ob sie das Zeug zum Scharfschützen haben. Melden Sie sich nach dem Antreten in der Schreibstube!"

„Zu Befehl! Herr Unterstu…"

Rehling winkte ab und erklärte nun die aktuelle Lage an der Front. Wieder schritt der Offizier die Reihe auf und ab. Ilves hörte zwar die Worte, doch seine Gedanken waren ganz wo anders. Der Zug wurde eingesetzt und er selbst erhielt einen anderen Auftrag. *Warum?* Mochte ihn Rehling nicht? Hatte er etwas ausgefressen? War die Sache nicht so wichtig, sodass man sie einem Neuling anvertraut? So viele Fragen und keine Antwort.

Als der Untersturmführer endlich wegging, drehte sich Ilves sofort zu seinem Nachbarn um. „Warum ich?", fragte er ohne Umschweife.

Achselzucken war alles, was sein Nebenmann dazu meinte.

Die Schreibstube war in der alten Dorfschule untergebracht. Das Haus stand ziemlich mittig im Ort und man erkannte es daran, dass es im Gegensatz zu den anderen Holzhäusern nicht von einem Garten umringt war. Der Spieß, Oberscharführer Lechmann, ließ Ilves vor der Tür warten. Eigentlich war Lechmann kein Spieß im eigentlichen Sinn, er hatte die Stellung des Zugtruppführers inne. Da er aber vor seinem Wechsel zur *20. Waffen-Grenadier-Division der SS* den Posten des Kompanieunterführers ausübte, blieb der Beiname „Spieß" an ihm haften. Lechmann war seinem damaligen Vorgesetzten Rehling gefolgt.

Der estnische Scharfschütze trat gerade seine zweite Zigarette aus, als Lechmanns Stimme durch die geschlossene Tür zu hören war. „Ilves! Kannst reinkommen!"

Der Este betrat die Schreibstube. Lechmann saß an einem Holztisch, den er zu einer Art Schreibtisch umfunktioniert hatte und blätterte ein paar Akten durch. „Ich hasse diesen Schreibkram", lamentierte er leise. Seine Hand umklammerte eine Kaffeetasse. Es duftete nach frisch gebrühtem Bohnenkaffee und Ilves verspürte Lust nach einer Tasse des heißen Erfrischungsgetränks.

„Im zweiten Zimmer, rechts!"

„Danke!"

Er schritt den Flur entlang. Das zweite Zimmer war auch das letzte Zimmer im kurzen Flur. Die kleine Dorfschule bestand aus nicht mehr als drei Räumen. Die Tür war offen. Vor Untersturmführer

Rehling stand bereits ein Soldat. „Kommen Sie rein", sagte der Offizier und machte eine entsprechende Handbewegung.

Ilves betrat die Stube.

„Ich habe mir ihre Papiere genau angesehen, Ilves. Ihre Leistungen beim Lehrgang waren außerordentlich. So etwas gefällt mir. Das hier ist Hingsen. Er möchte mal Scharfschütze werden und hat sich bei mir vorgestellt. Hingsen kommt vom I. Bataillon. Ich dachte, er könnte an Ihrer Seite etwas lernen. Er wird ihr Beobachter."

Ilves nickte. Flüchtig warf er einen Blick zu Hingsen. Dieser stand jedoch mit ausdruckslosem Gesicht da und verzog keine Miene.

„Sie werden aufrüsten und sich zum Stützpunkt „Erika" begeben. Hingsen weiß, wo das ist", fügte er schnell ein, als er Ilves fragenden Blick bemerkte. „Erika ist ein vorgelagerter Gefechtsposten. Die Essensbringer und der Melder haben mitgeteilt, dass ein sowjetischer Scharfschütze ihnen das Leben zur Hölle macht. Drei Abschüsse binnen zwei Tagen! Jeweils mit Kopfschuss!"

Stille im Raum. Rehlings rechte Hand begann leicht zu zittern. Ilves und Hingsen standen immer noch ruhig da.

„Finden und vernichten Sie ihn!"

„Zu Befehl!"

„Möchten Sie eine Tasse Kaffee?", die Stimme des Untersturmführers klang jetzt wesentlich freundlicher.

„Sehr gern."

Während sie den frischen, heißen Kaffee genossen, berichtete Rehling, dass der restliche Scharfschützenzug für die nächsten Tage ins Gebiet der Blauberge verlegt wird. Er selbst würde hier bleiben und die Berichte sammeln.

Der Bohnenkaffee war ein Traum. Ilves hatte schon fast vergessen, wie ein richtig gut gebrühter Bohnenkaffee schmeckt.

Die Verteidigungsstellungen bestanden nur an wenigen Frontabschnitten aus einem System mit Gräben und Holzpalisaden sowie den in unregelmäßigen Abständen angelegten Erdbunkern, die mit halbierten Baumstämmen abgedeckt waren. Viele Stellen an der HKL mussten sich aufgrund des sumpfig-morastigen Bodens mit oberirdischen Feldbefestigungen begnügen. Ilves und Hingsen saßen auf der Pritsche eines Opel Blitz und wurden hin und her geschaukelt. Die Straßenverhältnisse waren miserabel.

„Nachdem wir bei der Verpflegung so viel Glück hatten, nehme ich die holprige Strecke gern in Kauf", meinte Hingsen und griff in seinen Rucksack. Sie hatten neben Dosenwurst und Tubenkäse auch jede Menge Bonbons, Traubenzucker und Scho-ka-Cola erhalten. Dazu bekamen sie jeweils fünf Schachteln Zigaretten und ein Päckchen Tabak nebst Zigarettenpapier und Streichhölzern. „Da hat sich der alte Rehling mal nicht lumpen lassen."

Ilves fiel auf, dass Hingsen in seinem Rucksack einen Packen Papier zur Seite schob, bevor er sich eine Dose mit Scho-ka-Cola herausfischte. Neugierig versuchte der Scharfschütze zu erkennen, um was es sich dabei handelte. Als sein Beobachter den Rucksack wieder zuschnürte, fragte er unverblümt nach: „Was hast du denn für Papierkram dabei?"

„Nichts."

„Für nichts ist es aber eine beachtliche Menge. Sieht ja aus wie ein Buch."

Beinahe emotionslos legte Hingsen die Schokolade zur Seite und öffnete den Rucksack wieder. Er sah sich nach links und rechts um, obwohl sie sich allein auf der Pritsche befanden. Dieser Sicherungsblick war scheinbar eine Instinkthandlung.

„Wir sind die einzigen Fahrgäste", knurrte Ilves.

„Man kann ja nie wissen. Ich habe die Dinger von der Front mitgebracht. Wenn du mal draußen im Feld bist und auf den Donnerbalken musst, fehlt es oftmals an Papier", erklärte er. „Die Russen haben es über uns abgeworfen. Ich habe es gesammelt und verwende es als Toilettenpapier", fuhr der SS-Mann fort und reichte Ilves eines der Blätter. „Wenn man welche davon besitzt, kann man dafür in den Bau gehen", kommentierte er leise, als ob er Angst hatte, der Fahrer könnte ihn hören.

Der estnische Scharfschütze nahm das Wurfblatt entgegen. Die Überschrift war fett gedruckt, unterstrichen und mit Ausrufezeichen versehen. Gespannt begann Kaimar Ilves den Text zu lesen. Mit jeder Zeile wuchsen seine Wut, sein Unverständnis und sein Hass auf Stalin, die Rote Armee und auf das gesamte Russland. Erst überflog er die Zeilen nur, dann begann er langsam und laut zu lesen. Hingsen sah den Scharfschützen dabei nur verwundert an.

LETZTE WARNUNG!

Geht zurück, solange es nicht zu spät dazu ist!
Deutsche Soldaten!

Ihr seht selbst: Nach der Katastrophe in Stalingrad hat
Euer Hitler in diesem Sommer die Entscheidungsschlacht im
Osten verloren. Damit hat er den Krieg verloren! Ihr fühlt es
selbst: damit ist es Zeit, dass ihr nach Hause zurückgeht.

Warum klammert Ihr Euch dann so sinnlos an unseren
Boden? Warum opfert Ihr Euch für nichts und wieder nichts?
Ihr bildet Euch ein, Ihr rettet Deutschland, indem Ihr
ein Stück russischen Territoriums haltet.

Wir warnen Euch:

Damit rettet Ihr Deutschland nicht, sondern richtet es
zugrunde.
Wir brauchen Euer Deutschland nicht, aber wir
brauchen unser Russland – und das bis zum letzten Dörfchen.

Wartet nicht länger Deutsche, geht jetzt nach Hause,
nach Deutschland, solange Ihr noch zurückgehen könnt.
Andernfalls werdet Ihr später Hals über Kopf rennen müssen.

Eure Flucht führt über russisches Gebiet. Es ist ein langer und gefährlicher Weg. Erbarmungslos werden immer wuchtigere Schläge der Roten Armee und der Sowjetpartisanen auf Euch niedersausen.

Prägt Euch gut ein, was wir Euch sagen:

Je länger Ihr Euch an unseren Boden klammert, umso schwerer wird Eure Schuld uns gegenüber, um so drohender wird der Zorn des Sowjetvolkes und sein Hass gegen Euch, umso härter wird mit Euch abgerechnet werden, wenn die unerbittliche Stunde der Vergeltung schlägt.

Seht zu, dass Ihr aus unserem Lande kommt! Geht zurück, bevor es zu spät ist!

DAS IST DIE LETZTE WARNUNG, DEUTSCHE SOLDATEN, DIE WIR AN EUCH RICHTEN!

Die Soldaten der Roten Armee

„Das ist eine bodenlose Frechheit!", stieß der Este aus und zerknüllte das Wurfblatt. „Die Roten Hunde sind in Estland eingefallen und haben es besetzt. Stalin wollte uns mit der Knute seine Regeln aufdrängen! Wir sind es, die euch warnen!"

„Schon gut, Kamerad", versuchte Hingsen zu beschwichtigen, doch Ilves schien geradezu in Fahrt zu geraten.

„Für jeden einzelnen Buchstaben werde ich einen von euch auslöschen!"

„Sie haben dir etwas angetan, stimmt′s?"

Stumm starrte Ilves sein Gegenüber an. Dann stand er auf und zog seine Feldjacke aus. Er schob das Hemd hoch und drehte sich um. „Sie nannten es Erziehung", sagte er dazu. „Ich nannte es Auspeitschen."

„Deshalb bist du also hier."

„Und du?"

„Ich bin Este und Nationalist. Ich kämpfe für ein freies Estland und dabei ist es mir völlig egal, welche Uniform ich gerade trage und es interessiert mich nicht, welchen Namen meine Einheit besitzt!"

„Dann ziehen wir an einem Strang", sagte Ilves und setzte sich. Er schlüpfte wieder in seine Feldjacke und zog eine Packung Zigaretten hervor. Der Este öffnete die Schachtel *Juno* und bot Hingsen eine an. „Mein Vorname ist Kaimar. Wenn wir schon zusammen im Niemandsland auf die Jagd gehen, sollten wir uns auch besser kennenlernen."

„Alfred", sagte Hingsen.

„Klingt deutsch."

„Mein Großvater mütterlicher Seite stammte aus Deutschland. Ostpreußen genauer gesagt", erzählte Hingsen und zog eine Zigarette aus der Packung.

Die restliche Fahrt über berichteten beide über ihr bisheriges Leben. Sie träumten von einem freien Estland und berieten, wie sich das Kriegsglück noch wenden könnte. Kurz bevor sie am Ziel waren, lachte Ilves. „Du hast es genau richtig gemacht."

„Was denn?"

„Ich meine die Wurfsendung des Russen! Wir nehmen es mit auf unseren Spatengang. Es erfüllt exakt den richtigen Zweck!"

„Es ist für noch etwas gut, Kaimar."

„Und was?"

„Steck dir einfach ein Blatt davon ein. Wenn du in Gefangenschaft gerätst, sagst du, dass du überlaufen willst!"

„Zum Iwan? Bist du wahnsinnig?"

„Allemal besser, als erschossen zu werden oder nach Sibirien zu kommen!"

Ilves grübelte ein wenig. Dann blickte er tief in Alfred Hingsens Augen. „Weißt du was sie mit dir machen, wenn sie feststellen, dass du ein Scharfschütze bist?"

„Nein. Gleich erschießen? Vielleicht mit meiner eigenen Waffe?", riet er.

„Das wäre noch das Harmloseste von allem, was sie dir antun können. Je nachdem wieviel Zeit sie haben, werden sie dich foltern. Sie stechen dir die Augen aus, zünden in deinem Schoß ein Feuer an, schneiden dir das eine oder andere Teil ab und stecken es in deinen Mund. Auf dem Scharfschützenlehrgang habe ich gehört, dass sie einem Scharfschützen einmal das eigene Gewehr bis zum Anschlag in den Hintern gerammt haben. Genau das passiert mit dir, wenn sie dich erwischen!"

Hingsen war kreidebleich geworden. „Das ist …", stammelte er. „Also die Genfer Konvention …", wollte er nachschieben, doch Ilves fiel ihm ins Wort.

„Das ist der blanke Krieg! Dort draußen …", er deutete ins Freie, „… interessiert sich niemand für irgendwelche Kriegsrechte und so ein Zeug. Dort draußen siegt der Stärkere, der Schnellere und Klügere. Die Deutschen sind in Russland, wir Esten wollen unser Land frei von Besatzungsmächten zurück und der Russe wiederum möchte sein Land befreien. Die Mächtigen sind unfähig sich zu einigen, also nehmen wir es selbst in die Hand. Unsere Losung lautet: Tod oder Freiheit - Sieg oder Ende! Wenn ich den Russen in die Hände falle, werde ich so viele wie möglich mit über den Jordan nehmen. Dazu habe ich immer eine von den kleinen Eierhandgranaten einstecken. Das ist besser als ein Flugblatt!"

Der Fahrer des Lastwagens bremste. Soldaten waren zu sehen. Ein Zug SS-Männer war angetreten. Ein Kübelwagen knatterte vorbei und ein Melder warf sein Motorrad an. Sie waren angekommen.

Nachdem sie sich im Kompaniegefechtsstand gemeldet hatten, wurden sie kurz in die Lage eingewiesen. Ein Unterscharführer zeigte auf einer gut gezeichneten Skizze sämtliche Details auf. „… und der vierte von unseren Leuten wurde hier erschossen!"

Der Finger lag auf der Karte. Augenpaare trafen sich. Sie drückten die ganze Sorge besser aus, als jedes Wort.

„Wir haben das Gelände heute Vormittag mit Maschinengewehrsalven und Granatwerfern umgepflügt! Ob wir den Scharfschützen erwischt haben …?", er machte eine Pause und ließ die Frage eindeutig offen. Zweifel lagen in seiner Stimme. „Nun ja …", fuhr er fort, „… heute Abend müssen wir wieder zum Stützpunkt „Erika" marschieren. Diesmal mit einer ganzen Gruppe. Die dort eingesetzten Kameraden werden herausgelöst, wir übernehmen die Stellung. Wir werden ja sehen, ob der Iwan noch aktiv ist!"

„Uns wurde berichtet, dass es drei Männer waren!"

„Seit heute Morgen sind es vier!"

„Deshalb der Einsatz der MG´s."

„Richtig."

„Wir werden sie begleiten. Ich hoffe, wir können den russischen Schützen, sollte er noch aktiv sein, schnell lokalisieren."

„Wenn er noch lebt", schob Hingsen nach.

„Wir hoffen für alle das Beste! Moralisch tut es unserer Einheit gut, dass ihr beide hier seid."

„Wann und wo geht's los?"

Der Unterscharführer sah auf seine Armbanduhr. „In genau drei Stunden. Hier am Antreteplatz, wenn man das so nennen kann!"

„Ich werde mich bis dahin noch etwas im Gelände umsehen!"

Der Unterscharführer ging etwas näher auf Hingsen und Ilves zu. „Ich möchte keinen Hehl daraus machen", kam es im Flüsterton. „Scharfschützen besitzen im Allgemeinen bei unseren Männern keinen sonderlich guten Ruf. Wenn ihr von links oder rechts mal ein paar schräge Blicke einfangt, dann nehmt es den Leuten nicht übel. Letztendlich sind ausnahmslos alle froh, dass ihr hier seid", wiederholte er abschließend und ging.

Der Gefechtsstand sah aus wie jeder andere auch. Die Soldaten hatten sich aus Holz mehr oder weniger massive Unterkünfte gebaut. Vor einigen der abenteuerlich wirkenden Bauten standen grob gezimmerte Holztische. Als Sitzbänke fungierten halbierte Baumstämme, die links und rechts auf Stümpfen lagen. Da sich der Gefechtsstand nächst einem der zahlreichen Moore befand, war die Mückenplage entsprechend groß. Aus diesem Grund trugen die Landser entweder ihre Mückennetze vor den Gesichtern, was ihnen einen gespenstischen Anblick verlieh, oder sie schmierten sich dick mit der von den Sanis ausgegebenen grünen Mückensalbe ein, die nach Meinung von Ilves nichts brachte. Er schwor auf das Mückennetz im Gelände und auf Zigarettenrauch in der Etappe. Letzteres half möglicherweise psychisch, jedoch nicht physisch. Immer wieder klatschte eine seiner Hände gegen die Wangen oder auf die unbedeckten Unterarme. Schließlich wurde es dem Scharfschützen zu viel und Ilves krempelte die Ärmel seiner Feldbluse nach unten. „Lieber schwitzen, als tausend Mückenstiche zu haben, die später ohne Ende jucken", kommentierte er sein Handeln.

„Schau mal! Dort hinten schneidet einer Haare."

Ilves folgte dem Blick seines Beobachters und reagierte sofort. „Komm mit. Wer weiß, wie lange wir dort draußen im Feld sind. Fragen wir mal nach, ob wir auch einen Haarschnitt verpasst bekommen", meinte er. Gleichzeitig nahm der Landser seine Feldmütze ab und fuhr mit der linken Hand über seine Haarpracht.

Privatarchiv des Autors: PA-0090 - Friseur

Gesagt, getan. Bei dem Friseur handelte sich um einen Landser, der sein Handwerk scheinbar gut beherrschte. Offensichtlich resistent gegen Mücken, stand er da und hantierte am Kopf seines „Kunden" herum. Bewaffnet mit Schere und Kamm schnipselte der Friseur gekonnt eine typisch militärische Kurzhaarfrisur und betrachtete anschließend sein Werk. Zufrieden klopfte er dem jungen Landser, der sich die Haare kürzen ließ, auf die Schulter. „Fertig! Jetzt haben weder die Läuse was zum Fressen, noch dein Schätzelein zu Hause etwas an dir auszusetzen", sagte er und hielt die Hand auf.

„Dafür jucken die abgeschnittenen Haare auf der Haut", beschwerte sich der junge Soldat.

„Dagegen hilft nur eine Sache! Ab unter die Felddusche oder rein in den Fluss!"

Ein Geldstück wechselte den Besitzer. „In den Fluss", murmelte der Mann mit dem fast kahl geschorenen Kopf. „Da müsste ich ja lebensmüde sein!"

„Hast du noch Zeit für zwei Kunden?", fragte Ilves.

„Was kostet ein guter Haarschnitt", kam fast zeitgleich von Hingsen. „Und wenn ich gut sage, dann meine ich damit nicht so etwas, was du gerade verbrochen hast." Er lachte und deutete auf den verdutzten jungen Soldat. Mit mürrischem Blick ging dieser seines Weges.

Der Friseur starrte die beiden Esten an. Seine Augen wanderten von Hingsen, der als Beobachter und Sicherer des Schützen mit einer Maschinenpistole bewaffnet war, über dessen um den Hals hängenden Feldstecher, hinüber zu Ilves und dessen Scharfschützengewehr mit Zieloptik. Die Worte des Unterscharführers kreisten wieder durch die Köpfe der beiden Männer, die auf Regimentsebene z.b.V. eingesetzt waren. Immer noch mit dem Ruf von verachteten Heckenschützen behaftet, wurden die Landser mit den Zielfernrohren auf den Gewehren nicht gern gesehen. Zumindest hatte man ungern mit ihnen zu tun. Jedenfalls war das die gängige Meinung der Vorgesetzten und Ausbilder.

„Wir haben schon gehört, dass ihr kommt. Die Männer haben Angst, wenn sie bis zum Vorposten rausgehen müssen. Einer eurer russischen …"

Ilves fiel dem Friseur ins Wort: „Das sind nicht unsere! Was immer du auch damit meinst."

Sofort stockte der Soldat mit der Schere in der Hand. „Die Landser haben Angst ihren Fuß dort raus zu setzen. Seit der Scharfschütze am Werk ist, werden die Essensträger per Los bestimmt. Es gibt keine Freiwilligen mehr. Letzte Nacht zog der alte Larsen das kürzeste Streichholz. Heute Früh bekam er einen Kopfschuss verpasst! Er hinterlässt eine Frau und sieben Kinder. Das Jüngste wurde erst geboren. Er kam mit ´nem Foto vom Heimaturlaub zurück!"

„Uns wurde berichtet, dass es heute ein Opfer gab."

„Setzt euch her. Ihr bekommt den besten Haarschnitt und das natürlich völlig umsonst. Ich habe nur eine Bitte: Schnappt euch den russischen Scharfschützen!"

„Versprochen", antwortete Ilves.

Mit frisch geschnittenen Haaren schlenderten sie weiter bis zur Feldküche. Schon von weitem winkte sie der Küchenbulle her. „Habt ihr Hunger? Ich kann euch ´ne Portion Gulasch mit Kartoffeln anbieten. Ist soeben fertig geworden."

Das ließen sich die beiden Scharfschützen nicht zweimal sagen. Nach der Mahlzeit ging es weiter. Die beiden Ilves und Hingsen hatten nicht das Gefühl, dass man sie hasste. Es verhielt eher so, als wären sie tatsächlich gern gesehen. Nur einmal bekamen sie während ihres Rundgangs ein flaues Gefühl im Magen. Das war, als sie den Leichensack des letzten Opfers sahen. Er lag vor dem Sanitätsunterstand neben einem Pferdekarren. Der Kutscher stand mit einem Sanitäter rauchend daneben. Beide hatten ihnen den Rücken zugewandt und konnten sie nicht sehen. Das Pferd schnaubte und als es mit dem Schweif nach links und rechts schlug, wirbelten zig Mücken auf.

„Was ist denn mit dem da?", erkundigte sich Hingsen.

„Sie können hier vermutlich aufgrund des morastigen Bodens kein Grab schaufeln und müssen die Toten weiter zurück bringen, damit sie ihr Birkenkreuz bekommen!"

„Der Sensenmann fährt mit seinem Karren herum und holt die Ernte ein", stieß Hingsen düster aus.

Schweigend beendeten sie den Rundgang. Beim vereinbarten Treffpunkt wurden die estnischen Scharfschützen von zehn Mann mit vollem Marschgepäck und einem Melder, der sie führen sollte, erwartet.

„Da sind ja unsere Begleiter", begrüßte sie der Unterscharführer.

Der Melder, ein älterer Rottenführer, nickte ihnen zu. „Jeder kann noch ´ne Zigarette rauchen. Wir warten, bis es richtig dämmert, dann gehen wir los. Wenn wir zu spät abmarschieren, ist es zu dunkel. Dann besteht die Gefahr, dass einer von euch in den Sumpf fällt! Also immer in der Reihe bleiben und den Kontakt zum Vordermann nicht verlieren."

„Was ist mit dem russischen Scharfschützen?"

„Immer mit der Ruhe, Kameraden", beschwichtigte der Rottenführer. „Ich erkläre euch ja gerade, wie es abläuft!"

Ein paar der Männer hielten Zigaretten in den Händen und zündeten sie nacheinander an. Die Gesichter waren allesamt angespannt.

„Wir gehen raus ins Gelände. Zuerst durchqueren wir ein Stück des Birkenwaldes. Wenn das Sumpfgebiet beginnt, ihr merkt es daran, dass wir den Knüppeldamm erreichen, wird's besonders brenzlig. Zwei unserer Kameraden hat es dort erwischt, die beiden anderen wurden nach dem Moorbereich zwischen der Erika-Stellung und dem Wald erschossen."

„Wie lange ist der Knüppeldamm und wie sieht das von dir erwähnte Sumpfgelände aus?", hakte Ilves nach.

„Ich schätze den Damm auf gute zwei- bis dreihundert Meter. Rechts und links davon ist Morast ohne Ende. Im Frühling war es kein Problem, da gab es Morgennebel und niemand hat uns gesehen, aber jetzt bietet das Gelände freien Blick."

„Wie weit geht die Sicht? Ich meine, der Russe kann ja schlecht im Moor liegen, oder?"

„Die Sumpflandschaft zieht sich breit auseinander, gegenüber beginnt wieder dichtes Buschwerk und Wald."

„Und wie sieht das Gelände vor der Erika-Stellung aus?"

„Die Stellung liegt auf einer kleinen Anhöhe."

„Naja", fuhr der Unterscharführer dazwischen, „Anhöhe ist wohl etwas übertrieben. Sie liegt vielleicht zwei, drei Meter hoch auf einem Hügelwall und gewährt hervorragende Sicht auf das vor ihr gelegene Gelände."

„Bis hin zur Straße", übernahm der Rottenführer wieder das Wort. „Die alte Rollbahn ist natürlich vermint und ein paar Rohre der Feld-Ari sind auf sie eingeschossen", erklärte er weiter.

„Mich interessiert das Gelände um die Stellung, sonst nichts", beharrte Ilves.

„Man kann es als große Lichtung zwischen Waldflächen bezeichnen."

„Also müssen wir eine freie Fläche überqueren, während der Feind Deckungsmöglichkeiten hat!"

„Die ist aber weit mehr als 500 Meter entfernt. Er muss ein verdammt guter Schütze sein, wenn er sich dort versteckt hält!"

„Oder ein Meister der Tarnung", schob Ilves nach. Er zog seinen Marschkompass heraus und orientierte sich.

„Vorwärts! Ohne Tritt marsch!", befahl der Unterscharführer und die Gruppe setzte sich in Bewegung.

Der Rottenführer ging an der Spitze, gefolgt von Ilves und Hingsen. Dahinter reihte sich der Unterscharführer ein. Den Schluss der Gruppe hatte der Landser mit dem Maschinengewehr übernommen. In dem vom Feind ehrfürchtig als Hitlersäge bezeichnetem MG 42 war ein Munitionsgurt eingelegt, der dem Träger um die Schulter hing. Die Waffe selbst trug er am Ledergurt hängend an der rechten Körperseite. Der Riemen war quer um den Oberkörper gelegt. Alle hatten ihre Mückennetze übergestülpt.

Je näher sie dem Moorgebiet kamen, desto lästiger wurden die Moskitos. Schon bald war das Summen vorbeifliegender Mücken ein Standardgeräusch in den Ohren der Soldaten und wurde nicht mehr bewusst wahrgenommen.

Sie benutzten einen Trampelpfad, den viele Knobelbecher vorher ins Gelände getreten hatten. Außer dem Klappern eines Ausrüstungsgegenstandes, gelegentlichem Hüsteln oder Schnaufen, war nichts zu hören. Sie unterhielten sich nicht. Die Nerven waren zum Zerreißen angespannt. Die gesamte Situation wirkte gespenstisch.

Die vor rund 12000 Jahren zu Ende gegangene Eiszeit hat eine typische Moränenlandschaft hinterlassen. Lange Geröllrücken, Moor- und Sumpfgebiete, tausende von Seen und zahlreiche Flüsse, die jedoch zumeist nur einen kurzen Lauf haben. Zudem findet man gerade im Norden des Landes unzählige Findlinge. Manche von ihnen sind zum Teil tonnenschwer und liegen wie Miniaturberge in der Landschaft. Die Moore und feuchten Waldwiesen beherbergen jede Menge an Vögeln. In den weitläufigen Wäldern trifft man auf Luchse, Wölfe und Bären.

Unweit der Soldaten stakste ein Storch durch das Wasser. Auf der Suche nach Beutetieren, schenkte er den Männern keine Beachtung. Es dämmerte und bald würde es dunkel sein. Selbst in dem Waldstück, welches sie gerade durchquerten, lagen streckenweise Holzbohlen auf dem Weg.

„Wenn wir an den Waldrand kommen, liegt die Todesstrecke direkt vor uns", warnte der Rottenführer.

„Todesstrecke! So ein Quatsch. Wahrscheinlich ist der Iwan schon längst von den Mücken und anderen Ungeziefer aufgefressen worden. Den Beschuss von heute Morgen hat er sicher nicht überlebt", versuchte der Unterscharführer zu beruhigen.

„Wir gehen mal vor und sehen uns die Gegend an. Solange wir noch etwas Licht haben, können wir vielleicht etwas erkennen", meinte Ilves und setzte sich mit Hingsen an die Spitze.

Am Waldrand angelangt, legte die Gruppe eine Pause ein. Warnschilder waren an Bäume genagelt.

> *Vorsicht!*
> *Scharfschützen!*
> *Lebensgefahr!*

Die beiden Scharfschützen hatten indessen die Holzbohlen verlassen, sich seitlich ins Dickicht geschlagen und durchkämmten mit ihren Feldstechern das Gelände. Sie bewegten sich vorsichtig und suchten vor dem Auftreten festen Untergrund. Der Boden war weich und ein falscher Schritt hätte gereicht, um zumindest bis zum Stiefelschaft im Morast fest zu stecken.

„Wenn er hier sitzt, wird er kaum weiter als 350 Meter entfernt sein. Die Russen benutzen vorwiegend das Mosin Nagant mit dem ZF PE", stellte Ilves, laut vor sich her redend, fest. Er versetzte sich in die Situation seines Gegenübers und überlegte, wo er sich selbst postieren würde. Schließlich blieb er an einem Abschnitt hängen, der ähnlich einer Landzunge ins Moorgebiet hineinragte. Auf einer Breite von geschätzten zwanzig Metern könnte der Feind in Deckung liegen, hatte fast den gesamten Knüppeldamm im Visier und müsste sich aus Vorsichtsgründen definitiv nach einem einzigen Schuss zurückziehen.

Das würde auch erklären, weshalb er immer nur einen Abschuss tätigt. Ein zweiter Schuss würde seine Position verraten können und er hätte möglicherweise keine andere Rückzugsmöglichkeit mehr. Die Landzunge würde dann zu seiner Todesfalle werden.

„So muss es sein", presste Ilves entschlossen heraus und teilte seine Gedanken Hingsen mit.

Dieser überlegte kurz und bestätigte. „Ich schätze, du hast Recht!"

Als beide mit ihren Ferngläsern die Landzunge absuchten, konnten sie jedoch nichts Verdächtiges feststellen.

„Wie lange dauert das noch?", drängte der Rottenführer. Er und der Unterscharführer waren bis auf ein paar Schritte an die beiden

Scharfschützen herangekommen. Schnell waren die Feststellungen mitgeteilt und auch erklärt.

„Und wie sollen wir uns jetzt verhalten? Wir müssen weiter!"

„Entweder wir gehen rüber zur Landzunge und suchen nach dem Schützen, oder ihr geht rüber und ich lege mich hier auf Lauer. Wenn er schießt, habe ich ihn", sagte Ilves voller Überzeugung.

Keiner wusste, dass er frisch vom Lehrgang kam und dies sein erster Einsatz als Scharfschütze war. Er wiegte die Gruppe der SS-Männer insoweit in Sicherheit, als sie dachten, er wäre auf diesem Gebiet ein alter Hase.

„Wenn er schießt heißt das aber auch, dass einer von uns fallen wird!"

Ilves antwortete nicht darauf. Mit ausdrucksloser Miene starrte er den Unterscharführer an.

„Um zur Landzunge zu kommen, müsst ihr das ganze Moor umgehen. Das dauert mindestens zwei Stunden! Bei Dunkelheit noch länger. Und ich weiß nicht, wie weit sich das Wiesenmoor in den Wald reinzieht. Wenn ihr Pech habt, versinkt ihr unweigerlich bis zu den Hüften im Morast", stellte der Rottenführer fest, der die Gegend scheinbar sehr gut kannte.

„Also über den Damm", schnaufte der Unterscharführer. Kleine Schweißperlen bildeten sich auf seiner Stirn. Allgemeine Nervosität machte sich breit.

„Zur Beruhigung …", meldete sich jetzt Hingsen zu Wort, „… kann ich euch noch sagen, dass wir absolut kein Anzeichen dafür gefunden haben, dass der Scharfschütze jetzt dort liegt!"

„Ach was", entfuhr es dem Unterscharführer. „Dann geh du doch als erster über den Knüppeldamm!"

Man spürte die angespannte Situation. Augenpaare begegneten sich und flackerten wild. Angst bestimmte die Denkweise der Soldaten. Der Tod war ihr ständiger Begleiter, doch begegnen wollte ihm keiner.

„War nicht so gemeint", schob der Unterscharführer sofort nach. Er hatte bemerkt, dass er sich Ton vergriffen hatte. „Wir machen es so: Ich gehe zuerst, meine Gruppe folgt mir in Reihe, dann kommt ihr beide nach", kaum ausgesprochen, drehte sich der Gruppenführer um und marschierte los. Sein Blick hatte sich normalisiert und verriet nicht mehr seine Aufgeregtheit. Er musste Vorbild sein. Er durfte keine Schwäche zeigen! Innerlich jagte er zum ersten Mal seit vielen Jahren stumme Stoßgebete gen Himmel.

Ilves bezog Stellung. Er breitete seine Zeltbahn auf dem feuchten Boden aus und legte sich ab. In aller Ruhe visierte der Scharfschütze die Landzunge an. Hingsen stand im geschützten Bereich des Waldrandes und hob den Feldstecher an seine Augen. Als die genagelten Knobelbecher der SS-Männer auf das Holz des Dammes traten, hallte es dumpf zu den beiden Esten hinüber. Landser für Landser überquerte die morastige Stelle. Etwas Gespenstisches lag in der Luft. Die Spannung konnte nicht größer sein. Ein schneller Seitenblick von Hingsen. „Jetzt sind alle auf dem Damm. Wenn er schießen will, dann wäre das der richtige Moment!"

Nichts geschah. Als alle Soldaten der Waffen-SS auf der anderen Seite angelangt waren, folgten die estnischen Scharfschützen. Auch ihre Herzen schlugen schneller, als sie den hölzernen, stegähnlichen Übergang betraten. Erst gingen sie langsam, die Augen immer auf die Landzunge gerichtet, dann bewegten sich ihre Beine automatisch schneller. Als sie unbehelligt auf der anderen Seite ankamen, waren sie unheimlich erleichtert. Nur langsam ließ die Anspannung nach.

Es ging weiter. Wieder marschierten sie in der gleichen Marschordnung los und wieder hörte man kein Wort. Es war bereits dunkel, als sie den zweiten gefährlichen Punkt der Strecke erreichten. Ilves bemängelte, dass es für eine detaillierte Geländeanalyse bereits zu spät war. „Dazu benötige ich Tageslicht!"

Der Vorschlag eines jungen SS-Mannes, man könnte das Gelände mit einer Leuchtkugel erhellen, wurde sofort von seinem Nebenmann abgeschmettert. „Du Trottel, dann präsentierst du dich selbst als Zielscheibe!"

„Im Dunkeln sieht der Russe genauso wenig wie wir. Ich glaube, ihr kommt sicher rüber. Wir beide bleiben hier. Die ganze Nacht und den ganzen Tag. Und wenn wir ihn nicht erwischen, die nächsten Tage auch!"

„In Ordnung!"

„Wie lautet das Kennwort, falls wir irgendwann zur Erika-Stellung kommen müssen? Ich habe es vorhin nicht verstanden", fragte Hingsen nach.

„Nachteule!"

Ilves sprach den Rottenführer an: „Kommst du noch heute mit den anderen zurück?"

„Nein", antwortete dieser. „Erst morgen! Wir rücken so gegen 5.30 Uhr ab."

„Wir sind hier!"

„Danke!"

Nachdem die Gruppe weiter marschiert war, schnitten Ilves und Hingsen Äste zur Tarnung ab. Sie gingen hierfür etwas tiefer in den Wald und suchten sich im Anschluss eine trockene Stelle zum Lagern. Der Unterschlupf wurde mit Zweigen und Ästen aufgrund der Dunkelheit nur provisorisch errichtet. Dennoch waren beide Männer in kürzester Zeit mit der Umgebung verschmolzen. Der Drang zum Rauchen wurde unterdrückt. Das Gulasch im Bauch hielt den Hunger immer noch im Zaum und so verzichteten sie auf ein Abendessen.

„Lass uns schlafen, Alfred. Morgen wird ein harter Tag. Wir müssen vor Sonnenaufgang aufstehen!"

„Wie willst du vorgehen?"

Sie rollten ihre Zeltbahnen aus und legten sich hin.

„Zuerst verschaffe ich mir einen Überblick über das Gelände vor der Erika-Stellung, dann spielen wir Schutzengel für die Gruppe, die zurück zum Kompaniegefechtsstand geht."

„Werden wir es schaffen?"

„Klar doch!"

Mit dem Summen der Mücken im Ohr, die verzweifelt am Netz ein Schlupfloch suchten, übermannte sie der Schlaf. Aber dieser war nicht so tief wie sonst. Eher vergleichbar mit einem Ruhen. Hörte einer der beiden SS-Männer ein Geräusch, öffnete er die Augen und lauschte. Es war die Art von Schlaf, die sich viele Scharfschützen zum Selbstschutz schnell angewöhnten und der einigen von ihnen schon das Leben rettete.

Es war Mitte Juli 1944. Der Mond war abnehmend und bereits morgens gegen 03.30 Uhr schob sich das dunkle Nachtschild behäbig zur Seite. Am Horizont kündigte sich der Sonnenaufgang an. Die Helligkeit verwob sich kaum erkennbar mit der Dunkelheit, und die daraus resultierende Dämmerung gewährte dennoch immer mehr Sicht.

Kaimar Ilves war bereits erwacht, als es noch dunkel war. Seine volle Blase veranlasste den Esten dazu, aufzustehen und Austreten zu gehen. Ein erster Blick auf die Uhr misslang. Ilves machte einen Schritt zur Seite, erhaschte etwas Mondlicht und die Phosphorzeiger leuchteten.

Zu spät, um sich noch einmal hinzulegen, dachte er sich und ging zurück zum Lagerplatz. Sofort sausten die bisherigen Erkenntnisse seines Auftrags durch den Kopf. In Gedanken ging er noch einmal Schritt für Schritt die Details durch, die ihm berichtet worden waren.

Sagte der Unterscharführer nicht, dass es am ersten Tag zwei Opfer waren? Dann kam Abschuss Nr. 3 und gestern erfolgte Treffer Nr. 4 für den russischen Scharfschützen. Warum nur einer?

Ilves fragte sich immer wieder, warum man ständig nur von einem Schützen sprach. Es war doch allgemein bekannt, dass die Rote Armee mit Scharfschützenkompanien arbeitet.

Sie haben das Gelände erstklassig aufgeklärt. Es ist ausreichend Platz für zwei Scharfschützen vorhanden. Möglicherweise sind es sogar mehr und sie warten nur auf eine passende Gelegenheit, durchströmte es ihn.

Er bemerkte die einsetzende Morgendämmerung und stieß Hingsen in die Seite. „Aufstehen! Wir müssen los!"

Das Frühstück fiel karg aus. Ein Schluck Wasser aus der Feldflasche und eine Scheibe Kommissbrot mit Streichwurst aus der Dose.

„Wo gehen wir zuerst hin?"

„Wir müssen unbedingt die Kameraden schützen, die in eineinhalb Stunden von der Erika-Stellung losmarschieren. Lass uns in Stellung gehen."

Wieder am Waldrand angelangt, verschafften sich die beiden estnischen Scharfschützen, fast schon routiniert, einen Geländeüberblick. Immer wieder kreisten die Feldstecher über die Baumgrenze und die Feuchtwiese. Mehrere große Findlinge lagen auf der freien Fläche. Eine Storchenfamilie war schon unterwegs und pickte Frösche oder andere Beutetiere auf.

Irgendetwas störte Ilves, doch er wusste nicht, was es war. Erst als er zum dritten Mal den Feldstecher kreisen ließ, fiel ihm ein besonders dichtes Buschwerk am entgegengesetzten Waldrand auf. Er verharrte lange mit seinem Blick, konnte allerdings nichts weiter feststellen. „Hast du was entdeckt?", fragte er seinen Beobachter und erntete ein stummes Kopfschütteln. Anschließend fiel sein Blick auf die Armbanduhr. „Noch eine Stunde!"

Es wurde immer heller.

„Ich habe auch schon sämtliche Findlinge abgesucht. Bei einem der Steine dachte ich, da könnte jemand gut liegen, aber wahrscheinlich täusche ich mich da."

„Ich habe ein wirklich dichtes Buschwerk ausgemacht. Die ganze Baumreihe entlang ist fast nichts zu sehen, dann kommt so eine wilde grüne Insel!"

Hingsen hob sein Fernglas an die Augen und suchte die Stelle. „Ich sehe sie."

Schweigen.

Hingsen saugte sich förmlich an der Stelle fest. Ein tiefes Schnaufen folgte. Der Feldstecher ging nach unten. „Das ist es! Dort vorn wachsen überwiegend Weißbirken. Zwar sind auch ein paar Kiefern zu sehen, aber das dichte Buschwerk besteht hauptsächlich aus jungen Kiefern, die genau zwischen zwei dicken Weißbirken hochsprießen. So etwas gibt es nicht! Die Birkenwurzeln hätten das nicht zugelassen!"

Ilves sah seinen Beobachter staunend an. „Du bist gut! Woher weißt du das?"

„Ich war schon seit frühester Kindheit immer im Wald."

„Ich auch! Ich kann dir sagen, wie alt die Köttel von Hasen sind oder welche Spur von einem Reh, Hirsch, Elch, Luchs und so weiter stammt, aber frage mich nicht nach Pflanzenarten, wenn es über das Allgemeinwissen hinausgeht. Es gibt Laub- und Nadelbäume. Aus! Das war´s für mich."

„Egal", winkte Hingsen ab. „Lass uns auf das mögliche Versteck achten! Wenn wir falsch liegen, dann …", schlug er vor, beendete den Satz jedoch nicht. Er wollte nicht aussprechen, was die Folge wäre.

„Ich muss etwas näher ran!"

Ilves schulterte das Gewehr. Es war mit Stofffetzen in Tarnmuster umhüllt. Kein Millimeter Metall war zu sehen. Auch das Zielfernrohr war umwickelt. An Helmen und Kleidung steckten Zweige mit Blättern. Die Mückennetze, die sie vor den Gesichtern trugen, waren ohnehin grün eingefärbt. Sie bewegten sich sehr vorsichtig. Beide waren darauf bedacht, kein einziges Geräusch zu erzeugen, kein Tier aufzuschrecken und keinen Busch oder Ast zu bewegen, der ihre Anwesenheit verraten könnte. Als sie sich auf ungefähr 300 Meter genähert hatten, fanden sie einen hervorragenden Platz. Zwischen einem Busch, einer faulenden, entwurzelten Birke und einem tief hängenden, dicht beblätterten Birkenast, konnten beide bis zum Rand des Waldes kriechen. Ihr Ziel befand sich fast gegenüber und sie lagen vorteilhaft im Schatten. Die Sonne würde diese Stelle erst viel später erreichen. Die Sicht war gut. Ilves legte an, Hingsen beobachtete mit dem Feldstecher die vermutete

Scharfschützenstellung des Russen. Der Zielstachel des Zielfernrohrs war auf das ausgemachte Buschwerk gerichtet. Kaimar Ilves wurde leicht nervös. Er hatte im Krieg schon getötet. Doch das war immer im Kampf. Da gab es keine Zeit zu überlegen. Da hieß es immer: *Du oder ich*! Jetzt lag er in einem Versteck und wartete auf den Fehler seines Gegners. Durch das Zielfernrohr konnte er möglicherweise das Gesicht erkennen. Er würde bewusst und gezielt einen Menschen erschießen.

Ruhig! Mahnte er sich selbst. *Das sind eiskalte Schützen, die nur darauf warten, junge SS-Männer vor den Lauf zu bekommen.*

Der Pulsschlag normalisierte sich. Ilves wurde ruhig. Sehr ruhig. Jetzt war Geduld gefragt. Keiner sprach ein Wort. Keiner rührte sich auch nur einen Millimeter. Hingsens rechtes Bein drohte einzuschlafen. Kurz bevor der Beobachter seine Lage leicht verändern wollte, bemerkte er eine Bewegung. „Wenn mittig im Busch zwölf Uhr ist, habe ich auf fünf vor halbsechs etwas gesehen", hauchte er leise aus.

Unmerklich änderte der Lauf des K 98k die Richtung. Wieder dauerte es etliche Minuten bis das nächste Alarmzeichen wahrgenommen werden konnte.

„Gleiche Stelle", flüsterte Hingsen, der den Feldstecher nicht mehr abgesetzt hatte.

„Ich hab´s", kam Ilves Antwort.

Durch die Zieloptik hatte der Scharfschütze das Wackeln von Geäst erkannt. So eine Bewegung konnte unmöglich von einem Tier ausgelöst worden sein. Er war sich ganz sicher, dass dort drüben ein sowjetischer Scharfschütze auf seine Opfer lauerte. Der Blick auf die Armbanduhr sagte ihm, dass nur noch drei Minuten bis zum Aufbruch der Gruppe Landser verstreichen würden. Er musste den Schützen ausschalten, bevor dieser noch einen SS-Mann töten konnte!

Schweißperlen rannen von der Stirn des Esten. Der Schaft des Karabiners lag an der Wange, das rechte Auge befand sich am Zielfernrohr, der Zeigefinger am Abzug. Er hatte ihn sogar bis zum Druckpunkt angezogen. Nur noch der Bruchteil eines Millimeters war zu überwinden, um den tödlichen Schuss aus dem Rohr zu jagen. Ilves schätzte die Stellung seines Gegners ab. Der Russe war erstklassig getarnt. Man konnte rein gar nichts erkennen. Alles was er wusste war, dass eine bestimmte Stelle im dichten Grün des Waldes bewegt wurde. Genau dorthin zielte er. Würde er den Feind verfehlen, könnte der Rotarmist zurückschießen und ihn oder Hingsen erwischen.

Gedankenwechsel! Konzentration!

Er blieb im Ziel. Ilves wollte einen Treffer landen. Egal wo! Er musste den Russen treffen. *Wenn der Lauf des Mosin so lang ist,* rechnete er, *und er diesen nicht aus dem Buschwerk hinausschiebt, dann müsste der Kopf des Sowjets ungefähr an dieser Stelle sein und der Körper sich dort befinden,* schätzte er ab.

„Die Landser kommen anmarschiert!"

Jetzt mussten sie völlige Ruhe bewahren. Ihre Nerven lagen blank. Zwar hatten sie sich noch im Griff, aber für wie lange? Es war eine kaum wahrzunehmende Veränderung am Buschwerk, hinter dem der russische Scharfschütze vermutet wurde, die Ilves zum Schuss veranlasst hatte. Der K 98k krachte. Das Projektil verließ mit hoher Geschwindigkeit den Lauf und bohrte sich keinen Lidschlag später in sein Ziel.

Die Gruppe der SS-Männer ging sofort in Deckung. Angstvoll suchten sie den Getroffenen in ihren Reihen, doch alle waren unversehrt. Gleichzeitig erkannte Hingsen heftige Bewegungen im Busch. „Du hast ihn!", stieß er freudig aus. „Du hast ihn erwischt!"

Ilves blieb indessen im Ziel. Er traute dem Frieden nicht. Es konnte durchaus sein, dass noch mehr Rotarmisten auf Lauer lagen. Es dauerte wiederum eine gefühlte halbe Ewigkeit bis sich die Gruppe der deutschen Soldaten erhob. Kein weiterer Schuss fiel. Erst jetzt wagte sich Hingsen aus dem Versteck. Er winkte seinen Kameraden zu. Diese gingen mit angelegten Gewehren in Schützenkette vorwärts. Ilves wartete bis sie auf seiner Höhe waren, dann schloss er sich an. Das schnelle Herzklopfen kehrte mit jedem Schritt zurück, den er sich der russischen Scharfschützenstellung näherte. Dann war der Moment gekommen. Er stand vor seinem ersten Abschuss. Ein Rotarmist lag mit Halsdurchschuss am Boden. Die Blutlache ließ darauf schließen, dass die Schlagader durchschossen worden war. Das Gewehr lag neben ihm. Die Landser bewunderten die gewiefte Bauart der Stellung. Der Russe hatte in mühseliger Arbeit eine Grube ausgehoben und kleine Kiefern in die Erde gesteckt. Er musste nachts gearbeitet haben. Niemandem in der Erika-Stellung war die minimale Veränderung am Waldrand aufgefallen. Dem Proviant nach konnte der Scharfschütze schon tagelang hier gehaust haben. Weshalb er gestern Abend nicht schoss, konnte sich keiner erklären.

„Vielleicht war er gerade auf Spatengang?", riet einer.

„Oder er wurde abgelöst und ist neu hier", meinte ein anderer.

„Gute Arbeit", lobte eine bekannte Stimme. Der Rottenführer, der als Melder fungierte, klopfte Ilves auf die Schulter. „Ihr habt viele Leben gerettet. Vielleicht auch meines!"

Hingsen holte eine kleine Kamera aus der Tasche und machte zwei Fotos. Jemand durchsuchte den Gefallenen.

„Wir gehen zum Moor! Dort, wo sich der Knüppeldamm befindet", drängte Ilves energisch.

„Wozu? Ihr habt den Schützen doch erwischt. Da wird sich der Alte aber freuen!"

Der Unterscharführer, der die Erika-Stellung gestern übernommen hatte, kam angelaufen. Schwer schnaufend betrachtete er das Werk des estnischen Scharfschützen. Gerade wollte er den Sieger des Duells loben, als er feststellen musste, dass dieser schon wieder im Wald verschwunden war.

„Er glaubt, dass es noch einen zweiten Schützen gibt", erklärte Hingsen, packte den Fotoapparat ein und folgte Ilves. „Wartet noch eine, oder besser noch zwei Stunden mit dem Rückmarsch!"

Der Unterscharführer nickte. „Geht in Ordnung, aber nicht länger!"

Hingsen fand Ilves etwas weiter im Wald. Er lehnte an einem Baum. Als der Beobachter noch näher herankam, bemerkte er, dass Ilves sich übergeben hatte.

Lächelnd stellte Hingsen sich neben den Schützen. „Kaimar, das ist vollkommen in Ordnung. Ich hätte es nicht geschafft. Du hast mit deinem Schuss tatsächlich viele unserer Kameraden gerettet!"

„Danke! Mir ist auf einmal schlecht geworden. Liegt sicher daran, dass ich noch keinen Kaffee hatte!"

„Sicher", antwortete Hingsen freundschaftlich. Er wusste, was mit Kaimar Ilves nicht stimmte, wollte ihn aber damit nicht brüskieren. Allein die Tatsache, dass er nicht allein war, half ihm sicherlich. „Willst du noch zum Moor gehen?"

„Wir müssen! So wie diese Stellung dort aussieht, hat der Kerl sie nicht verlassen. Und wenn, dann höchstens um zum Donnerbalken zu gehen. Ich glaube fest, dass wir es mit noch einem weiteren Scharfschützen zu tun haben."

„Und warum ist gestern überhaupt kein Schuss gefallen?"

„Ich weiß es nicht! Komm, lass uns losgehen, bevor die Gruppe den Knüppeldamm erreicht."

„Sie warten noch."

„Das ist gut!"

Beim Knüppeldamm angekommen, gingen sie genauso vor, wie zuvor beim Waldrand. Aus einer gesicherten Position heraus suchten die beiden Esten das Gelände im Moorgebiet ab. Dreißig Minuten später hatten sie immer noch keine Feststellung. Ilves überlegte gerade, ob er stundenlang lauern, oder doch lieber auf die Suche nach dem Versteck des russischen Scharfschützen gehen sollte. Vorausgesetzt, es gab ihn überhaupt. Hingsen zweifelte bereits seit geraumer Zeit an der Existenz eines zweiten Schützen und war kurz davor, seinen Kameraden ebenfalls davon zu überzeugen. Das schreckhafte Aufflattern eines Birkhuhn-Paares weckte jedoch sämtliche innere Alarmsignale der beiden Esten. Die Augenpaare wanderten herum.

„Birkhühner nisten sehr gerne am Waldrand nächst eines Moores. Außerdem ist die Balzzeit schon vorbei", flüsterte Hingsen. „Die Vögel wurden von irgendetwas aufgeschreckt!"

„Ein jagender Luchs oder ein Rotarmist", presste Ilves hinaus.

Die Stelle befand sich ganz woanders, als er sein russisches Gegenüber vermutet hatte.

„Er ist dort! Ich spüre es. Und er hat gestern nicht geschossen, weil er erst jetzt zurückkehrt! Er war gar nicht da!"

Hingsen war aufgeregt. Immer wieder spähte er durch das Fernglas, konnte aber nichts erkennen. „Ich werde mal auf einen Baum klettern. Vielleicht sehe ich dann mehr!"

„Spinnst du?", entfuhr es Ilves. „Du bleibst schön hier liegen! Wenn der Russe der Mann ist, für den ich ihn halte, dann geht er dort drüben in Stellung! Er kann gar nicht …", Ilves verstummte. „Ich Idiot", schimpfte er mit sich selbst. „Sie tragen die breiten Moorschuhe! Du weißt schon", wendete er sich seinem Nebenmann zu. „Die Dinger, die so aussehen, wie Schneeschuhe."

„Damit kommen sie schnell durch das Moorgebiet und …"

Der Satz wurde von Hingsen beendet. „… und auch wieder schnell hinaus. Er kann beweglich bleiben und sich in einem schwer zugänglichen Gebiet einnisten!"

„Diesmal kriegen wir ihn. Und ich weiß auch schon wie", kam es von Ilves überzeugend. Der Este zog sich rückwärts kriechend ins Waldgebiet zurück. Als er sich sicher fühlte, stand er auf. „Du bleibst hier. Zu zweit sind wir zu laut."

„Was hast du vor?"

„Ich muss ihn erwischen, wenn er von hinten auf die Landzunge zugeht. Wenn er tatsächlich den Weg nimmt, wo er die Birkhühner aufgeschreckt hat, muss er entweder über die freie Moorfläche gehen, oder ewig weit außen herum wandern. Da unser russischer Freund aber sicherlich unseren Schuss gehört hat, wird er denken, dass sein Kompagnon wieder einen Landser abgeschossen hat. Er rechnet also mit dem Rückmarsch einer Gruppe deutscher Soldaten und deshalb beeilt er sich. Ein geübter russischer Scharfschütze würde sonst niemals den Fehler machen, nistende Birkhühner aufzuschrecken!"

„Richtig! Es sei denn, er ist in Eile!"

„Genau!"

Ilves schulterte sein Gewehr und rannte durch den Wald. Er musste ungefähr zwei- oder dreihundert Meter zurücklegen, um gutes Schussfeld zu bekommen.

Hoffentlich sehe ich den russischen Scharfschützen noch! Fragen schossen durch seinen Kopf. *Habe ich von dort ausreichendes Schussfeld? Wird die Zeit reichen? Ist der Russe allein?*

Das weiche Laub fing die Schritte auf und federte sie ab. Allerdings wurde es unter dem Blätterteppich zunehmend feuchter. Der Sumpf zog sich bis in den Wald hinein. Er musste vorsichtiger sein, um das aufkommende klatschend-schmatzende Geräusch zu vermeiden, das unweigerlich entstand, wenn seine Stiefel beim schnellen Laufen auf morastig wässrigen Boden trafen. Schon nach wenigen Schritten fand der Este das richtige Tempo. Zusätzlich achtete er sorgfältig auf die vor ihm liegende Wegstrecke. Instinktiv näherte er sich wieder der Waldgrenze. Er reduzierte die Geschwindigkeit erneut und fiel mit jedem Schritt, den er näher an die Lichtung kam erst ins Gehen, dann in ein gebücktes Schleichen. Würde ihm der gleiche Fehler passieren wie dem Rotarmisten, nämlich Birkhühner oder andere Tiere aufschrecken, wäre sein Plan zunichte und ein stunden-, wenn nicht tagelanges Duell fände seinen Anfang. Hastig warf Ilves die Tarnkapuze über den Helm. Die Farbabstimmung passte ideal zum Gelände.

Runter, durchfuhr es ihn.

Er ging schnell in die Knie, dann legte sich der Scharfschütze der *20. Waffen-Grenadier-Division der SS (estnische Nr. 1)* flach auf den Boden und legte die letzten Meter bäuchlings robbend zurück. Als das Wasser des morastigen Untergrunds seine Uniform durchweichte und er das Nass am Körper spürte, überzog ihn Gänsehaut. Er hasste dieses Gefühl. Es erinnerte ihn an schamhaftes Einnässen.

Verdränge diese Gedanken! Konzentriere dich auf dein Ziel! Wo ist die Munition? Nass nützt sie nichts. Ach ja. In der Jackentasche sind nur zehn Schuss. Ein Ladestreifen mit herkömmlicher Munition, einer mit Explosivgeschossen. Der Rest befindet sich im Rucksack! Konzentration, schalt er sich selbst.

Sein Brustkorb hob und senkte sich schnell. Der Puls raste, als er das Gewehr in Anschlag nahm.

Habe ich es geschafft? War ich schnell genug hierher gelaufen oder ist der Russe schon vorbei?

Das Mückennetz vor dem Gesicht nervte, war aber unersetzlich. Die Plagegeister surrten schon am frühen Morgen um ihn herum und waren heißhungrig. Sie wollten sein Blut. Kaimar Ilves trug dünne Handschuhe. An der rechten Schusshand hatte er lediglich die Fingerkuppe des Zeigefingers abgeschnitten. Hier brauchte er so viel Gefühl wie möglich. Die Männer, die keine Handschuhe trugen, hatten binnen weniger Minuten zehn oder zwanzig Mückenstiche zu beklagen. Darauf konnte er liebend gern verzichten.

Sein Körper beruhigte sich langsam. Das Nässegefühl war immer noch ekelhaft. Das geduldige Warten begann. Die Spannung stieg.

Entweder kommt er in der nächsten Minute, oder er ist schon durch!

Zwei Minuten später, Ilves hatte beinah die Hoffnung aufgegeben, sah er ihn. Behutsam lugte ein Kopf aus dem Waldrand.

„Er ist vorsichtig und passt auf", hauchte der Este unhörbar über seine Lippen. Es beruhigte ihn, wenn er es aussprach. Sofort legte Ilves an. Der Zielstachel saß. Der Schuss würde mitten im Kopf des Rotarmisten landen, doch eine innere Stimme riet dazu, noch nicht zu schießen. Sein Ziel in der Optik betrachtend, ließ Ilves den Zeigefinger am Druckpunkt ruhen. Der Russe beobachtete mit einem Fernglas das Moorgebiet und blickte zum Knüppeldamm. Er war gut getarnt, hatte jede Menge Grünzeug an den Körper gebunden.

„Fehler Nr. 2", hauchte der Este, als der Sowjet das Fernglas wieder runter nahm. „Du hast nicht in meine Richtung gesehen!"

Ein Ruck ging durch den SS-Mann, als sich der Feind umdrehte und ganz offensichtlich mit jemanden sprach. Plötzlich ging alles rasend schnell. Zwei Mann rannten aus dem Wald.

„Ich habe es gewusst", triumphierte der Landser heimlich. „Sie tragen Moorschuhe!"

Von weitem sah es aus, als würden zwei lebende Büsche über den eigentlich unüberwindbaren Morast springen. Der hintere von ihnen war der Schütze. Er trug eine Scharfschützenwaffe in der Hand. Auf ihn war der Lauf des Esten gerichtet. Als sie ungefähr mittig im Moor waren, drückte er ab. Noch während der Schuss widerhallte, fiel der Russe tödlich getroffen in den Sumpf. Wasser spritzte hoch. Blitzschnell repetierte Ilves und suchte sein zweites Ziel. Die für den Wald perfekte Tarnung wurde dem Rotarmisten im Moorgelände zum Verhängnis. Wie eine Zielscheibe ragten die beblätterten Zweige der Tarnung aus dem Morast. Ilves hatte anvisiert. Seine Gedanken waren ausgeschaltet. Er hielt mittig auf das Ziel an. Es würde ein sicherer Treffer im Oberkörper werden und den Gegner definitiv ausschalten. Ein kurzes Zögern. „Los! Heb schon die weiße Fahne hoch", flüsterte der Este leicht hoffnungsvoll. „Das ist deine einzige Möglichkeit den Krieg zu überleben!"

Er gab ihm noch fünf weitere Sekunden, dann wuchtete der Kolben des K 98k ein zweites Mal in die Schulter des Schützen. Während der erste Rotarmist den schnellen, stummen Tod fand, musste der zweite Sowjetsoldat eine Welle des Schmerzes über sich ergehen lassen. Ein gellender Schrei tönte über das Moor. Der Körper des Sterbenden bäumte sich auf. Bizarr zappelten die Tarnzweige über dem Sumpfgras. Für die ersten zwei, drei Sekunden schloss Ilves die Augen, dann lud und repetierte er erneut. Er legte ein drittes Mal an. Schließlich wollte er seine Gegner töten, nicht quälen! Der letzte Schuss war eine Erlösung für den Rotarmisten.

Die einkehrende Stille wirkte unreal. Die durch die Schüsse aufgeschreckten Vögel waren weggeflogen. Im Moor lagen zwei russische Leichen. Der Sieger des Kampfes brauchte noch weitere zehn Minuten, bevor er sich erhob. Hätte er sich nicht schon übergeben, würde er es sicherlich jetzt nachholen. Ilves streckte die rechte Hand aus. Sie zitterte leicht. Er fragte sich, wie er beim Schießen nur so ruhig bleiben konnte und bildete eine Faust. Hingsen kam angelaufen. Man hörte ihn schon von weitem. „Kaimar? Kai…maaar", rief er ihm entgegen. Die Stimme klang etwas besorgt.

„Ich bin hier!"

Hingsen sah den Scharfschützen nicht und musste sich anfangs an dessen Stimme orientieren. Dann trat Kaimar Ilves ins Freie.

Hingsen war erleichtert. „Du hast dich nicht geirrt. Sie liefen übers Moor", strahlte er. „Und jetzt war ich verwirrt und besorgt, weil ich drei Schüsse gehört habe. Von meiner Position aus konnte ich nichts sehen." Er baute sich vor dem Schützen auf und betrachtete ihn von oben bis unten. „Du siehst nicht gerade gut aus. Irgendwie hat es den Anschein, als ob du …"

„Halt deinen Mund! Weder möchte ich irgendwas hören noch bin ich zum Scherzen aufgelegt."

„Tut mir leid!"

Ilves schnaufte durch. „Ich weiß nicht, ob ich mich daran gewöhnen werde. Beim ersten Russen habe ich das verzerrte Gesicht gesehen, als ihn mein Projektil durchbohrte und er in das ewige Nichts stürzte!"

„Denk nicht dran! Du weißt ja", beruhigte Hingsen, „sie waren hier, um unsere Kameraden abzuschießen."

„Und sie sind hier in unserem Land", schob Ilves nach. Gleichzeitig betrachtete er sich selbst, indem er seinen Blick an der deutschen Uniform von oben nach unten wandern ließ. Seine Mundwinkel zogen sich etwas zur Seite. Er versuchte ein Grinsen zu verbergen. „Ich sehe aus, als hätte ich mich angepinkelt!"

Beide lachten los. Es war nicht das scherzende unbeschwerte Lachen von belustigten Menschen. Es war ein befreiendes Lachen. Es erfüllte eher den Zweck, das gerade Geschehene zu verdrängen, es auszublenden. Es sollte mehr von der Situation ablenken, als sie ins bizarre Lächerliche zu ziehen. Und es half. Es war, als würde im Kopf ein Schalter umgelegt werden. Ilves bekam seine geistige Kraft und seine klaren Gedanken wieder zurück.

„Wir müssen zu ihnen hingehen!"

„Ich weiß! Wir durchsuchen sie nach Papieren und ich werde wieder ein Dokumentationsfoto machen."

„Muss das sein?"

„Ich denke schon", antwortete Hingsen.

Beide wagten sich nur zögerlich ins Moor. Bereits nach wenigen Schritten kehrten sie jedoch unverrichteter Dinge wieder um. Hingsen war mit seinem Knobelbecher tief eingesunken und hatte erhebliche Mühe, mitsamt dem Stiefel wieder aus dem Morast herauszukommen. Laut fluchend stand er am Waldrand. „Können die etwa fliegen?"

Hingsen stand vor Ilves und leerte den voll Wasser gelaufenen Stiefel aus. Hierbei geriet er ins Wanken, verlor das Gleichgewicht und landete im Nass des Moores.

platsch

Jetzt kam ein herzhaftes Lachen über die Lippen des Scharfschützen. „Ha, ha, ha. Jetzt siehst du noch schlimmer als ich aus."

Als sie sich wieder beruhigt hatten, zückte Hingsen sein Kampfmesser. Er schnitt Zweige ab und band sie geschickt zusammen. Nach etwa zwanzig Minuten befestigte er zwei provisorisch angefertigte Moorschuhe unter seinen Stiefeln und ging erneut los, während Ilves wartete. „Spätestens jetzt weiß ich, dass du wirklich ein Waldbruder bist!"

Hingsen nahm das Lob gern entgegen. Er stapfte zu den beiden erschossenen Russen und durchsuchte sie. Mit zwei Brotbeuteln, einer Karte, einem Mosin Nagant Scharfschützengewehr mit PE Zielfernrohr und zwei Paar Moorschuhen kehrte er zurück. Er warf die schneeschuhähnlichen Treter auf den Boden. „Die können wir in diesem Gebiet sicherlich noch gut brauchen."

„Was hast du noch?"

„Beide sind tot! Willst du wissen, wo du sie getroffen hast?"

Ilves schüttelte den Kopf. Er wusste es ohnehin zu etwa 90 Prozent.

„Ich habe sie fotografiert. Einer von ihnen hatte diese Karte dabei. Es sind unsere gesamten Stellungen eingezeichnet. Ebenso der Knüppeldamm und weiter unten noch ein weiterer Pfad. Dann habe ich dieses schöne Gewehr …", stolz hob Hingsen die Waffe hoch, „… für mich requiriert."

„Da wird sich der Waffenmeister freuen", sagte Ilves mit ruhiger Stimme.

„Und dann habe ich noch die hier", grinste Hingsen, hob die Brotbeutel der beiden Sowjets hoch und schaukelte damit vor Ilves Gesicht herum.

„Schau erst mal nach, ob sich das Jubeln lohnt!"

Schon der erste Griff in einen der Brotbeutel ließ Hingsens Gesichtszüge regelrecht erfrieren. Erschrocken zog er blitzschnell seine Hand wieder aus der Tasche, um diese rasch umzustülpen. Der Inhalt fiel auf die Erde. Der Proviant dieses Russen bestand aus einer gekochten Kartoffel, einem in Papier eingewickelten Salzhering und schwarzem Brot.

„Beim Zweiten wird es nicht anders aussehen", meinte Ilves und behielt wieder Recht.

„Ich frage mich, wie die Iwans eine derartig hohe Kampfbereitschaft aufbringen, bei der kargen Verpflegung, die sie bekommen."

„Ganz einfach, ihnen bleibt keine andere Wahl. Als die Deutschen einmarschiert sind, hat Stalin verbrannte Erde hinterlassen. Als die Deutschen zurückgetrieben wurden, haben sie es genauso gemacht. Das Land ist vom Krieg gezeichnet und hat die Bevölkerung nicht mehr ernährt."

„Dann sollen sie nach Hause gehen und das Land bestellen!"

„Mir würde es reichen, wenn sie aus Estland verschwänden! An diesem Tag wäre der Krieg für mich beendet!"

Hingsen nickte zustimmend. „Nicht einmal etwas Machorka zum Tauschen hatten sie einstecken."

„Das war ein gutes Stichwort. Wie wäre es mit einer Zigarettenpause? Ich glaube, mir würde jetzt ein Glimmstängel gut schmecken", schlug Ilves vor und zückte seine Packung Juno. Die Zigaretten waren total durchnässt. Verärgert warf sie der Este auf den Boden. „Mist!"

„Ich habe im Rucksack trockene Zigaretten", kam es erlösend.

Kurz darauf betrachteten sie rauchend das Gewehr des sowjetischen Scharfschützen. Sie zählten 27 Kerben. Sie waren fein säuberlich im Schaft eingeritzt. „Jede Kerbe ein deutscher Soldat!"

„Oder ein Este!"

„Richtig!"

Als der Rottenführer mit der Gruppe SS-Männer ankam, fiel ihm ein Stein von Herzen als er hörte, dass Ilves die russischen Scharfschützen aufgestöbert und ausgeschaltet hatte.

„Danke!"

Zurück beim Regimentsgefechtsstand, wurden sie von Untersturmführer Rehling herzlich empfangen. Der Film mit den Fotos kam sofort zum Entwickeln. Der Chef des Scharfschützenzuges wollte den Erfolg seiner Männer dokumentiert weitermelden.

Nach und nach trudelten beim Regiments-Scharfschützenzug sowohl die Erfolgs- als auch die Verlustmeldungen ein. Während Ilves und Hingsen großen Erfolg hatten und unversehrt zurückkehrten, waren die Einsätze ihrer Kameraden zwar ebenfalls effektiv gewesen, jedoch hatten sie auch Gefallene zu beklagen. Drei Beobachter und fünf Scharfschützen waren ihren russischen Gegenübern zum Opfer gefallen. Einer galt als vermisst.

Beim Regimentsstab wurden neben Rehlings Schützen auch die Leistungen eines Kompanie-Scharfschützen hervorgehoben.

„Dieser Tormis scheint mir ein ganz verwegener Hund zu sein", meinte ein ranghoher SS-Offizier anerkennend. „Er strebt wohl an das Eiserne Kreuz auszubauen", schob er süffisant nach.

„Seine Abschüsse sind allerdings nicht bestätigt", bemerkte Rehling und räusperte sich.

„Keine Angst, Untersturmführer", erwiderte der hohe Offizier. „Ich weiß zwar um die Taten dieses Tormis, aber die Abschüsse von Ihren Männern sind klar und detailliert dokumentiert. Allerdings …", er schmunzelte.

Rehling sah den Standartenführer fragend an. „Allerdings?", wiederholte er fragend.

„Nun ja! Ich würde mich nicht scheuen, natürlich bei gleichbleibendem Erfolg, sowohl ihrem besten Schützen als auch diesem Tormis meine Anerkennung in Form einer Auszeichnung kund zu tun!"

„Sehr wohl!"

„Machen Sie weiter so! Lehren Sie dem roten Bruder das Fürchten", verabschiedete sich der Standartenführer.

Teils mit Stolz erfüllt, teils leicht verärgert einen so guten Mann, wie diesen Tormis nicht in seinen Reihen zu wissen, fuhr Rehling mit dem Kübelwagen zurück zum Unterstand. Er musste noch ein paar Meldungen durcharbeiten und das nächste Einsatzgebiet bestimmen.

Der Untersturmführer spürte die Gefahr, die auf sie zukam. Er arbeitete zügig, wollte keine Zeit verlieren. Die Einsatzbefehle an seine Männer waren soweit fertig. Es war geplant, diese am nächsten Tag bekanntzugeben, doch dazu kam es nicht mehr. Es trat genau das ein, was die erfahrenen Landser schon seit geraumer Zeit wussten. Die Russen griffen an. Wie eine große, gigantische Welle rollten die Sowjets gegen die deutschen Linien.

Marschall Leonid Gowgorow ging mit der *2. Stoß-* und der *8. Armee* in die Offensive und stürmte gegen die Stellungen der deutschen *Armee-Abteilung Narwa.*

Die Landser, die sich auf Vorposten befanden, waren ohnehin gewarnt. Seit dem späten Nachmittag des Vortages grölten und sangen die Soldaten der Roten Armee.

„Die Iwans haben sicherlich jede Menge Wodka bekommen! Sie singen, lachen und feiern, als ob es ihr letzter Tag wäre", hatte einer der Landser bemerkt.

„Morgen kommen sie", war die trockene Antwort seines Nebenmannes am Maschinengewehr.

Die Blicke waren kalt. Der Tod war schon so oft an ihnen vorbeimarschiert. Sie wussten, was auf sie zukam.

Am 25. Juli 1944, um 05.00 Uhr morgens, begann an der Narwa-Front der Alptraum jedes Frontsoldaten. Heftiges Trommelfeuer leitete einen Großangriff ein. Mit dem Morgenrot kamen die Granaten und wuchteten in die Stellungen der deutschen Truppen. Es schien, als ginge die Erde unter. Das letzte Inferno vor dem Jüngsten Tag!

Die Rohre der sowjetischen Artillerie spuckten Granate um Granate aus. Die Landser gruben sich ein oder kauerten hilflos in ihren Unterständen. Immer wieder hofften sie, die heranorgelnden Sprenggeschosse würden weit weg von ihnen einschlagen. Wenn es laut rumste und Erde von der Decke ihres hölzernen Bunkers rieselte, schreckten sie auf und wären am liebsten nach draußen gelaufen. Doch dort bebte die Erde. Der Donner der Haubitzen grollte und stürmte wie ein Orkan über das Land. Splitter surrten mit tödlicher Geschwindigkeit durch die Luft und zerfetzten alles, was sich ihnen in den Weg stellte. Druckwellen wirbelten Erde und Gestein umher. Etliche Fahrzeuge waren binnen weniger Minuten zu Wracks geschossen und brannten aus. In den Waldgebieten splitterten Bäume und schmetterten zusätzlich zu den Granatsplittern die Spreißel der abgetrennten Zweige, Äste und Baumstücke durch die Gegend. Zerfetzte Leichen wohin man sah. Ein nie verlöschendes Schreckensbild grub sich ins Gedächtnis der Überlebenden. Pulsierende Wunden der Verletzten, die zwischen leblosen Körpern und abgetrennten Gliedmaßen lagen, färbten die Erde blutrot. Ihre Schreie würden niemals vergessen werden.

Als der Feuerüberfall kein Ende nehmen wollte und bereits länger als dreißig Minuten anhielt, begannen auch die Zweifler zu beten. Nur wenige waren es noch, die auf den letzten Schimmer Hoffnung verzichteten, den sich die anderen armen Seelen zu holen schienen.

„Vater unser im Himmel …"

„Vergib mir meine Schuld, denn ..."

Als nach einer geschlagenen Stunde das Trommelfeuer nachließ, kamen die Panzer und die Infanteristen. Angriff auf breiter Front. Die schweren Ketten der russischen Stahlkolosse zermalmten das Land. Zigtausende von Rotarmisten stießen ihr „Uräähh!“ aus und stürmten voran. Wer kein Gewehr hatte, nahm es von einem Gefallenen auf. Offiziere standen hinter ihnen und trieben sie an. Polit-Kommissare hatten sie auf den Kampf eingeschworen. Front-Zeitschriften, wie die „*Unitschtoschim Wraga*“, hatten sie angespornt. Wodka nahm ihnen die Angst. Der größte Antrieb war jedoch der Hass auf die deutschen Truppen, die vor drei Jahren in ihr Land kamen, um Mütterchen Russland zu erobern. Niemand konnte Russland erobern. Kein Napoleon, kein Kaiser Wilhelm und auch kein Adolf Hitler!

Russland gehörte den Russen und war uneinnehmbar. Sie sollten es spüren, die Eindringlinge. „Urääähh!“

Antu Tormis schreckte genauso auf, wie seine anderen Kameraden in der Kompanie. Er und Mikhel Jannsen waren vor zwei Tagen von ihrem Einsatz zurückgekehrt. Der Mann aus Tallin hatte tief und fest geschlafen, bevor er unsanft geweckt wurde. Erst glaubte er, die Seelen der Erschossenen würden ihn im Traum holen, dann realisierte er nach und nach den Lärm. „Ari …“, murmelte Tormis. Plötzlich war er hellwach. „Raus hier!“, tönte seine Stimme.

Jannsen öffnete die Augen. Verschlafen sprang auch er von seinem Feldbett und rieb sich die Augen.

Wumm

Die Druckwelle einer in ihrer Nähe eingeschlagenen Granate drückten gegen das Zelt, Schrapnelle zerrissen sie. Der Scharfschütze und sein Beobachter hatten sich instinktiv mit dem Einschlag auf den Boden geworfen. Kaum war der Splitterhagel vorüber, sprangen sie auf und packten in Windeseile ihre Sachen zusammen. Sie griffen nach Uniformen, Waffen und Rucksäcken. Nur mit Unterwäsche bekleidet verließen sie das zerfetzte Zelt.

Ein immer lauter werdendes Pfeifen ließ sie erneut auf den Boden landen. Flach daliegend, die Hände schützend über die Köpfe gehalten, verharrten sie.

Wumm

Brösel aller Art bedeckten ihre Körper. Jannsens Kopf ging nach oben. Er hatte ein dumpfes Klatschen gehört. Der estnische Soldat erschrak. Gänsehaut überzog seinen Körper vom Nacken bis zu den

Fußsohlen. Vor ihm war ein Arm gelandet. Aus den Adern rann Blut. Muskelfleisch zappelte, Gewebefetzen vibrierten, verbrannte Haut ließ ekelerregenden Geruch verströmen und die Abzeichen der versengten Uniform, die einen Teil des Armes bedeckte, zeigten an, dass es einer von ihnen war. Jannsen wollte schreien, doch er brachte keinen Ton über die Lippen. Es war Tormis, der ihn am Haarschopf packte und hochriss. „Komm! Lauf!", brüllte der Scharfschütze. Tormis wusste nicht wohin er rennen sollte, er wusste nur, dass er weg musste. Weg von dieser Pforte zur Hölle.

Wumm

Beide waren so schnell gelaufen wie sie nur konnten, doch es gab kein Entrinnen aus dieser Hölle. Überall schlugen die russischen Granaten ein. Ein Trichter schien der letzte Zufluchtsort zu sein. Beherzt sprang Tormis in die noch qualmende Erdmulde. Jannsen plumpste neben ihn auf den Boden. Beide zogen die Köpfe ein und hielten abermals ihre Arme schützend nach oben. Die nächsten Minuten schienen eine Ewigkeit zu dauern. Granate um Granate detonierte. Der Lärm war unerträglich. Das Schreien der Verwundeten raubte den letzten funktionierenden Nerv. Sie glaubten sich am Ende ihrer Zeit. Als das tödliche Inferno endlich nachließ, bekreuzigte sich Tormis und erst jetzt zog sich der estnische Scharfschütze an.

Sanitäter hetzten vorbei. Sie wussten nicht, wohin sie zuerst laufen sollten.

Namen wurden gerufen. Jeder musste zu seiner Gruppe finden. Die Einheiten sollten antreten. Es würde sicherlich nicht lange dauern, bis der Feind hier war.

Knobelbecher liefen vorbei. Manches Wimmern erstarb. Tormis hatte sich gefangen. „Bist du in Ordnung?", fragte er seinen Beobachter. Sein Blick war entschlossen, seine Stimme verriet Wut.

„Ja…Ja, das bin ich", stammelte Jannsen. Wortlos wechselte der Este die Unterwäsche. Ein Bad wäre ihm jetzt lieber, dennoch war er froh, wenigstens frische Wäsche anziehen zu können. Wegen seines nur allzu menschlichen Malheurs fing er sich keinen einzigen dummen Kommentar ein.

Ein Melder jagte mit einem Motorrad vorbei. Ein Nachrichter rannte wie von einer Tarantel gestochen in Richtung des Kompanie-Gefechtsstands. Beißender Brandgeruch breitete sich aus. Eine der Granaten war zwischen zwei Lastwagen detoniert. Die Wracks loderten immer noch. Mit jedem kleinen Windstoß trieb eine der dunklen

Wolken, die vom brennenden Öl herrührten, über das verwüstete Lager. Sie sahen sich um. Hektik breitete sich aus. Offiziere und Unterführer suchten ihre Leute. Immer wieder blickten sie in verzweifelte Gesichter junger SS-Männer. Ein Scharführer brüllte Befehle. „Verdammt noch Mal! Holt Eimer und löscht das Feuer!"

Die Scharfschützen waren einsatzbereit. „Verflucht! Die schweren Koffer Iwans lagen goldrichtig", stieß Tormis aus, als er mit dem Licht der Morgendämmerung die Verwüstung registrierte.

„Was machen wir?"

„Kämpfen!"

„Und wo?"

Tormis sah seinen Kameraden fragend an. „Dort wo der Iwan ist, Mikhel! Genau dort und nirgendwo anders!"

Keine zwanzig Minuten später saßen sie in einem Kübelwagen. Vilde, der Kompanieführer, schickte jeden verfügbaren Soldaten sofort zum Gros der Kompanie, die bei Vasa an der Narwa lag. Ersten Meldungen zufolge drohte der Russe dort über den Fluss zu setzen.

„Ihr beide nehmt meinen Kübel. Mein Fahrer wird euch absetzen und unverzüglich zurückkommen. Ich werde dann mit der Reserve selbst das Kommando übernehmen", hatte er befohlen.

Das geländegängige Militärfahrzeug rumpelte über die Straßen, als wäre der Teufel hinter dem Fahrer her. Dieser hielt verkrampft das Lenkrad fest. Die Tachonadel zitterte sich bei 70 km/h ein.

„Du bringst uns noch um", plärrte Tormis und krallte sich fest, wo er gerade Halt fand.

„Wir müssen zusehen, dass wir so schnell wie möglich vorne sind. Wenn der Russe mit Panzern vorstößt, komme ich nicht mehr zurück!"

Tormis versuchte erst gar nicht den Mann zu überzeugen vorsichtiger zu fahren. Jedes Wort wäre sinnlos gewesen. Der Fahrer hatte wahnsinnige Angst und je mehr der Scharfschütze reden würde, desto nervöser würde der Mann hinter dem Lenkrad werden.

Staubwolken tauchten am Horizont auf. Der Kübel musste zur Seite fahren, da Sankas nach hinten rollten. Der Blick des jungen Fahrers fiel auf die Kraftstoffanzeige. „Wenn ich euch hier raus lasse, könnt ihr schneller nach vorn gehen. Querfeldein ist es nur ein Katzensprung zur HKL. Ihr habt die große Auswahl zwischen …"

„Halt den Mund und lass uns raus!", donnerte Tormis und stieg aus. Er wuchtete die Beifahrertür des Kübels zu, schulterte sein

Gewehr und ging los. „Angsthase", schimpfte er vor sich hin. „So ein erbärmlicher Angsthase!"

Auch Jannsen schulterte sein Scharfschützengewehr. Er folgte seinem Kameraden. Der VW-Motor des Kübelwagens jaulte auf, dann jagte der Militärwagen wieder zurück.

Tormis und Jannsen liefen über die Wiesen zu dem Waldstück, in dem ihre Kompanie in Stellung lag. Sie waren bereits vor ein paar Tagen einmal hier gewesen und hatten sich die Örtlichkeit angesehen. Hinter ihnen preschten zwei Lastwagen nach vorn. Auf den Pritschen saßen ein paar bekannte Gesichter. Der erste Schub der Kompanie-Reserve rollte zur Front.

Als die Männer mit den Zielfernrohrgewehren keuchend den Waldrand erreicht hatten, standen sie mitten auf dem Verwundeten-Sammelplatz. Der Sanitätsunterscharführer der Kompanie und der Sani hantierten wild herum.

Der Sanka war also von hier gekommen, dachte Tormis.

„Der hier muss unbedingt zum Hauptverbandplatz, besser noch sofort ins Feldlazarett geschafft werden", brüllte der Sani.

Sein Hilferuf wurde zwar gehört, doch der Sanitätsunterscharführer konnte nichts weiter tun, als mit der Erstversorgung weiter zu machen. Wunden wurden gereinigt, Druckverbände angelegt, Schmerzmittel verteilt und Trost gespendet.

„Wo seid ihr beide denn her?", wurden sie von einem verwundeten Scharführer empfangen. Es stellte sich heraus, dass er mit seinem Zug am Ufer der Narwa in Stellung lag, um von dort die Rollbahn abzusichern, die sich auf ihrer Flussseite entlang der Narwa hinzog. Während des Trommelfeuers war ein Splitter quer über das Gesicht des Scharführers geschrammt, hatte die Haut weit aufgerissen und eine hässliche Fleischwunde hinterlassen. Die Verletzung zog sich quer von der linken Wange beginnend über den Nasenrücken bis hin zur rechten Augenbraue. Der Landser bemerkte die Blicke der beiden Scharfschützen. „Wenn ich 'nen Stahlhelm aufgehabt hätte, wäre der Splitter am inneren Rand des Helmes abgeleitet worden und irgendwo unter der Haube in meinem Kopf verschwunden."

Verblüffte Gesichter.

„Jedenfalls hat das der Sani zu mir gesagt, der mir 'ne halbe Flasche Jodtinktur über die Schnauze geschüttet hat."

Mit dem Verband über Wange und Nase, sah der Scharführer verwegen aus. Unterhalb der schmutzig-weißen Binde hatte sich das braune Jod mit dem Blut vermischt. Der Uniformkragen und die Feldbluse waren dunkelrot eingefärbt.

„Vom Schlag des Splitters bekam ich Nasenbluten. Deshalb sehe ich aus wie ´ne abgestochene Sau", lachte er. Es schien ihm egal zu sein, was passiert war. Den Haudegen zog es nach vorn und er wollte die beiden Scharfschützen bei sich haben. „Ich werde keinen Meter von meinem Posten zurückweichen!"

In seinem Koppel steckten zwei Stielhandgranaten, an der Seite baumelte eine MP 40. „Wir haben zwei Pak und ein Maschinengewehr dort unten. Meine Jungs werden sich freuen, wenn ihr an unserer Seite kämpft! Der Zug sitzt hier überall in den Stellungen entlang des Flusses."

„Sie sind an der Narwa!", fuhr die aufgeregte Stimme eines Nachrichters dazwischen. Er kam aus dem Wald gelaufen und bereits mit dem zweiten Satz überschlug sich seine Stimme: „Panzer! Infanterie! Alles!"

„Bleib ruhig!", übertönte der Scharführer den Nachrichter. Er musste laut schreien, denn im gleichen Moment krachte es entlang der Straße.

„Sie sind schon da", kam es immer noch panisch. Der Nachrichter lief weiter.

„Panzergranaten! Der Tanz beginnt", stammelte der Scharführer und fuhr mit den Fingern der rechten Hand vorsichtig über den Verband.

Sie durchquerten das kleine Waldstück und entdeckten den gut getarnten Pkw der Nachrichter, dessen lange Antennen zwischen den Bäumen nach oben ragten. Einer der Funker hing an seinem Gerät und notierte fleißig mit. Von dem in Panik geratenen Nachrichtenmann war nichts zu sehen.

„Vasa ist nur etwa anderthalb Kilometer von hier entfernt. Dort liegt die zweite Kompanie in Stellung", erklärte der Scharführer keuchend. „Hier bei uns ist der Fluss am schmalsten."

Zu den Granaten der T 34 mischte sich Maschinengewehrfeuer. Der Kampflärm wuchs stetig an. Die Straße führte auf einer Breite von etwa 50 Metern am Flussufer entlang. Dann verlief sie etwas weiter zurückgezogen und zwischen ihr und dem Fluss befand sich ein Gürtel aus Bäumen. Von dort aus feuerten die estnischen MG-Schützen auf die Angreifer. Das Mündungsfeuer wiederum zog die Aufmerksamkeit der T 34 auf sich. Der Schütze I jagte Feuerstoß um Feuerstoß aus dem Lauf des MG 42, während der Schütze II bereits eine neue Munitionskiste öffnete.

Spätestens in dem Moment, als über ihnen eine Granate im Baumwipfel detonierte, waren sie über die ungeliebten Schanzarbeiten beim Stellungsbau froh. Die dicken Baumstämme, die über ihrer Feldbefestigung lagen, hielten bislang alles von ihnen ab.

„Solange ihr keinen direkten Volltreffer abbekommt", hatte der Scharführer vor ein paar Tagen zu ihnen gesagt, „schützt euch der Bunker."

Geduckt rannten die beiden Scharfschützen und der Scharführer über die Straße. Projektile pfiffen über die Köpfe der SS-Männer hinweg. Im Baumgürtel zwischen Fluss und Straße gingen sie in Deckung.

„Russen!", plärrte Jannsen.

Beide bugsierten ihre Gewehre nach vorn und legten an. Schuss für Schuss krachte und beide landeten Treffer für Treffer. Es dauerte nicht lange und die Rotarmisten, die ihnen gegenüber lagen, mussten mehr als zwölf Gefallene beklagen. Die Rotarmisten registrierten aufgrund der vielen Kopftreffer schnell, dass ihnen gegenüber Scharfschützen eingesetzt waren. Die Folge war, dass T 34 das Uferstück beharrlich unter Beschuss nahmen. Die beiden Esten mussten sich zwangsläufig zurückziehen und eine neue Stelle suchen. Boote wurden nach vorn gebracht. Sowjetische Maschinengewehre beharkten unterstützend das Ufer der Esten.

Jubel auf estnischer Seite. Ein T 34 war von einer Pak in Brand geschossen worden.

Wieder im Unterholz, führte Tormis einen Ladestreifen mit Explosivmunition ein. Wie bei seinem ersten Einsatz, feuerte er auf die Boote. Der Effekt war ähnlich. Die Besatzungen gerieten in Panik, Wasser drang in die Boote und statt kauernd auf das Erreichen des anderen Ufers zu warten, schöpften die Rotarmisten Wasser und hantierten panisch herum. Das wiederum machte sie zu leichten Zielen für Jannsen, der mit seinem Mosin Nagant tödlich wütete.

Von hinten drückten immer mehr Landser in die Stellungen. Die Stimme von Vilde übertönte den Kampflärm. Jetzt waren alle da. Zwar häuften sich die Körper der gefallenen und verwundeten Angreifer am gegenüber liegenden Ufer der Narwa oder trieben im kalten Nass flussabwärts, dennoch ließ der Feind nicht nach. Immer wieder drückten die Sowjets nach vorn. Die Masse an Rotarmisten war unbeschreiblich. Ein Menschenleben in der Roten Armee war nichts wert. Immer noch brüllten sie ihr: „Uräähh!" hinaus. Schließlich waren die ersten russischen Soldaten gelandet.

„Gegenangriff!", plärrte ein Unterscharführer und stürmte mit seiner Gruppe aus dem Wald kommend dem Ufer der Narwa entgegen. Seine 08 bellte auf und zwei Russen fielen getroffen zu Boden. Die Salve eines Degtjarow-Maschinengewehrs riss große Löcher in die Brust des SS-Mannes. Zwei Landser der Gruppe hatten den Durchbruch geschafft. Sie waren den Projektilen des russischen Maschinengewehrs entkommen und standen in den Reihen der Rotarmisten. Ihre Munitionskammern waren längst leer. Wild schwangen sie im Nahkampf die Spaten. Blut spritzte aus den geschlagenen Wunden ihrer Opfer, doch es waren zu viele. Die beiden Esten blieben allein. Der Rest ihrer Gruppe wurde vom russischen MG niedergehalten und zurückgetrieben. Verzweifelt entwickelten die beiden Esten übermenschliche Kräfte, doch letztendlich waren es zu viele Gegner. Sie starben am Ufer der Narwa im Kampf für die Freiheit ihres Landes.

„Wo ist mein Nachrichter? Ich brauche einen Melder!", schrie Vilde laut. Der Kompanieführer wechselte das Magazin seiner Maschinenpistole. „Wir brauchen dringend Verstärkung. Die Sowjets greifen mit massiven Kräften an. Ein Brückenschlag steht bevor!"

Der Melder erreichte die Nachrichter. Worte wurden ins Mikrophon des Kurzwellensenders geplärrt. Zu Sendeimpulsen umgewandelt, krochen sie über Spulen und Kupferdrähte zur Antenne und erreichten endlich den Äther des Empfängers. Das Bataillon wiederum gab ihn an das Regiment weiter.

Der verzweifelte Kampf ging weiter. Tormis jagte Schuss für Schuss aus seinem K 98k. Er hatte die Treffer längst nicht mehr mitgezählt. Es waren zu viele.

„Achtung! Der Russe hat den Sprung geschafft!"

Ein von Vilde geführter Angriff gegen den sowjetischen Brückenkopf schlug fehl. Der Kompanieführer wurde bei dem Gefecht schwer verwundet.

Mit vierfacher Überlegenheit gelang es der Roten Armee unter schwersten Verlusten über die Narwa zu setzen. Die Männer der estnischen Nr. 1 mussten sich zurückziehen.

„Los! Wir müssen weg", drängte Tormis, der trotz allem einen ruhigen Kopf bewahrte.

Jannsen lud nach. „Nur noch dies eine Magazin", antwortete er und blieb liegen.

„Das MG-Feuer konzentriert sich schon wieder auf uns! Es hat keinen Sinn mehr! Die ganze Kompanie zieht sich zurück!"

„Lass mich!"

Ein Schuss krachte. Jannsen repetierte. „Jetzt habe ich das MG entdeckt", teilte er mit.

Tormis duckte sich flach ab, als eine langgezogene Garbe dicke Baumrindenstücke wegriss und über ihn hinweg zischte. Die Projektile bohrten sich schließlich irgendwo ins Holz. Er hob langsam den Kopf.

„Nein!", stieß er aus. „Verdammt noch mal! Neiiinnn!"

Jannsen, der mit jedem Tag immer mehr zum Freund geworden war, lag tot neben seinem Gewehr. Das Gesicht war nur noch eine breiige Masse aus Blut und Knochensplittern. Ein heraushängendes Auge starrte blutig ins Leere. Die letzte MG-Salve hatte den Kopf des estnischen Scharfschützen regelrecht zerrissen.

Mit zittrigen Händen zog Tormis den Körper des Gefallenen etwas nach hinten. Er nahm die Papiere seines toten Freundes an sich, streifte die Armbanhuhr vom Handgelenk und brach schließlich die Erkennungsmarke ab. Der Spieß sollte die letzten Sachen den Angehörigen schicken. Wieder klatschen die Projektile des Maschinengewehrs in die Bäume. Das war das endgültige Zeichen für den Rückzug. „Gute Reise", sagte Tormis zum leblosen Jannsen, dann verschwand er im Dickicht des estnischen Waldes. Er folgte den anderen. Es ging zurück zur ersten Auffangstellung. Gnade denen, die den Russen in die Hände fallen!

Als die Rote Armee immer mehr Lücken in die Abwehrreihen der deutschen Truppen riss, drohte die HKL zusammenzubrechen. Eine Stabilisierung der brenzligen Lage trat erst mit dem Einsatz der *4. SS-Freiwilligen-Panzer-Grenadier-Brigade* ein. Der Entsatz kam gerade noch rechtzeitig, sodass die Offensive vom Küstenbereich des Finnischen Meerbusens bis zur Rollbahn Narwa - Talllin (Reval) abgewehrt werden konnte. Eine Frontverkürzung war jedoch unumgänglich und so mussten die Stellungen bei Narwa vom *III. SS-Panzer-Korps* aufgegeben werden. Die HKL verschob sich um knappe zehn Kilometer nach Westen in die sog. Tannenberg-Stellung. Die estnische Nr. 1, die *20. Waffen-Grenadier-Division der SS,* musste sich vom Feind lösen und entlang der Rollbahn absetzen. Nach harten und verlustreichen Kämpfen nahm man die Einheit vorerst aus der HKL und gab ihr die Rolle der Korpsreserve. Doch die eingeplante Ruhephase sollte den Esten nicht gewährt werden. Bereits zwei Tage später begannen die Sowjets mit ihrer *2. Stoß-* und *8. Armee* erneut anzugreifen.

Diesmal stürmten die Rotarmisten gegen die Höhen der Blauberge, insbesondere gegen die sog. Kinderheimhöhe und die Grenadierhöhe. Mit massiver Panzerhoheit gelang den Sowjets schließlich die Einnahme der Kinderheimhöhe. Ein sofortiger Gegenangriff der Esten wurde im massiven Abwehrfeuer der Roten Armee blutig abgewehrt. Als *Marschall Goworow* mit seinen Truppen entlang der Rollbahn weiter vorstieß und diese durchbrechen wollte, mussten auch die letzten Reserven der estnischen SS-Division wieder ins Kampfgeschehen eingreifen. Mit dem *Waffen-Grenadier-Regiment der SS 45* verlegte auch der Rest der Division wieder an die Front.

In den Höhenzügen der Blauberge musste der Feind gestellt und zurückgeworfen werden, was aufgrund der Überlegenheit an Panzerkräften und Soldaten ein schweres Unterfangen war. Mit dem Mut der Verzweiflung stellte sich die Einheit dem Kampf. Es war ihr Land und hierfür stritten sie!

Es waren Momente wie dieser, in denen sich Kaimar Ilves wünschte, nicht hier zu sein. Das Rasseln der Panzerketten ließ die Erde vibrieren. Das Dröhnen der schweren Motoren hatte sich in seinen Ohren festgesetzt und fühlte sich an, als würde es noch stundenlang nachhallen. Sie hatten gekämpft wie die Löwen. Er und Hingsen lagen neben den Infanteristen und verschossen Ladestreifen um Ladestreifen. Ihre Pak-Mannschaften schossen die Rohre glühend heiß und brennende Panzer zeugten von den Künsten der Richtschützen, die es trotz der guten Panzerung der T 34 fertigbrachten, deren wunde Stellen zu finden, um sie dort an deren Achillesferse wirksam zu treffen.

Der estnische Scharfschütze sah nicht wenige Granaten an den Bugpanzerungen abprallen und steil in den Himmel wandern. Die

Ungetüme mit den roten Sternen an den Seiten näherten sich dennoch gnadenlos und walzten alles nieder, was sich ihnen in den Weg stellte. Soldaten in erdbraunen Uniformen folgten. Pausenlos zuckten ihre Körper unter den Treffern der Verteidiger zusammen, doch aus einem nicht zu verebbenden Füllhorn stieß die Rote Armee immer wieder neue Infanteristen aus. Es war ein ungleicher Kampf. Die Vorposten waren längst verloren. Unaufhaltsam rückten die Sowjets näher und näher.

Dies ist ein Bild der Abwehrschlachten im Osten. Schwere Rauchschwaden, die aus brennenden Sowjetpanzern emporsteigen, verdunkeln den Himmel. In Massen liegen diese im Gelände umher, Hitze und beizenden Qualm ausströmend. Zwischen den Wracks stürmen die SS-Panzergrenadiere im Gegenstoss dem weichenden Feinde nach.
SS-PK-Kriegsberichter Grönert, 18.8. 1944

(Originaltitel: Im Osten.- Soldaten der Waffen-SS neben brennendem sowjetischen Panzer (T-34 ?); SS-PK
August 1944)
Bundesarchiv, Signatur: Bild 183-J27410

Todesmutig wagten sich die Panzerjäger aus ihren Erdlöchern und brachten Haftladungen an. Sie warfen geballte Ladungen zwischen die Ketten und halfen sich zur Not mit zuvor bereitgestellten Molotow-

Cocktails, wie seinerzeit die Finnen in ihrem Freiheitskampf gegen die übermächtige Sowjetunion.

Maschinengewehre sollten den Panzerjägern mit Sperrfeuer höchstmöglichen Schutz bieten, doch es war nichts weiter als der berühmte Kampf gegen Windmühlen. Aussichtslos und von Beginn an verloren. Dennoch wichen sie keinen Meter freiwillig zurück. Als die Panzer die Linien der Esten durchbrochen hatten, war der Anfang des Endes erreicht. Die Ketten der Kampfpanzer pressten eilig errichtete Feldbefestigungen derart mühelos zusammen, als wären es windige Sandburgen. Schützenlöcher wurden einfach überfahren und unter dem Gewicht der Eisenberge zermalmt. Jegliches Leben darin ebenfalls. Wer die Möglichkeit zum Rückzug hatte, musste sie wahrnehmen, wer seinen Posten zu lange hielt, zog die Blankwaffe oder hob die Hände. Die wenigsten gaben auf!

Ebenso erging es Ilves. Der Scharfschütze konzentrierte sich erst auf die Offiziere, dann auf die Unteroffiziere. Schuss um Schuss wurde abgegeben, Projektil um Projektil bohrte sich in die Körper seiner Ziele. Das über allem schwebende „Uräh"-Gebrüll wurde immer lauter und hüllte ihn bald ein. Die Panzer waren an seiner bestens getarnten Stellung glücklicherweise vorbeigerollt. Irgendwann sprangen seine Nebenmänner auf und liefen mit wildem Geschrei, aufgepflanzten Bajonetten oder erhobenen Spaten auf die Angreifer zu. Es wurde immer schwieriger einen gezielten Schuss abzugeben. Zu schnell waren die Bewegungen der Kämpfer. Das Menschenknäuel wuchs. Einzelne Soldaten lösten sich und stürmten auf die estnische Stellung zu.

„Uräääh!"

Zwei Russen stürmten mit weit aufgerissenen Mündern in seine Richtung. Er hatte nur noch eine Patrone im Lauf. Als die beiden Rotarmisten das Zielfernrohr auf dem Karabiner sahen, explodierten sie vor Wut. Ein schneller Schuss und der linke der beiden Angreifer wurde von der Wucht des in seiner Brust eingedrungenen Projektils zurückgeworfen. Ein letzter Schrei, ein harter Aufprall, dann war er für Stalin gefallen.

„Urääääh!"

Noch fünf Meter, noch drei Meter, jetzt!

Die Gedanken des Esten waren so klar wie vor einem Abschuss. Seine Augen hatten den Gegner immer im Blickfeld. Dieser schoss nicht, sondern hielt sein Gewehr mit aufgesetztem Seitengewehr gerade vorgestreckt. Wie ein Ritter mit Speer oder Lanze bewaffnet, hielt er direkt auf Ilves zu. Dieser verfiel nicht in Panik. Nachdem die letzte Patrone seines K 98k verschossen war, wusste er, dass er entweder die Waffe als Schlagwerkzeug benutzen konnte, oder die Pistole ziehen musste, die er zur Nahverteidigung mitführte.

Ziehen, hochreißen und abdrücken waren eine einzige Bewegung. Die Spitze des Bajonetts war keinen halben Meter von Ilves Bauch entfernt, als die Faustfeuerwaffe in seiner Hand aufzuckte und das Projektil in den Kopf des Sowjets eindrang. Ein schneller Schritt zur Seite. Blut spritzte aus der Wunde des Rotarmisten. Die Beine des Sterbenden zuckten unkontrolliert. Es war ein Bild des Schreckens. Ilves sah sich um. Immer mehr Sowjets rückten nach und drückten unaufhaltsam gegen die Verteidigungslinie. Die Gruppe der Nahkämpfer war bis auf zwei Männer dezimiert. Sie waren chancenlos gegen die Flut der Angreifer. Als Ilves hinsah, schwang einer der beiden letzten Kämpfer seinen Spaten gegen den Kopf eines Gegners. Die scharfe Kante rutschte vom Helm ab und zerschmetterte die Schulter des Russen. Ein Blutschwall schoss aus der klaffenden Wunde. Der Rotarmist ging in die Knie und empfing den quer ausgeführten Todesschlag gegen den Hals. Kaum eine Sekunde später riss auch der Sieger dieses Zweikampfes seinen Mund zum letzten Schrei auf. Ein Bajonett hatte sich in seine Seite gebohrt. Das Gesicht des Esten war zur Fratze erstarrt. Die Lebenskraft schwand augenblicklich. Der Spaten fiel aus der Hand. Das Bajonett wurde herausgezogen und ein weiteres Mal in den Körper gestoßen. Wie so oft in diesem grausamen Krieg brachte erst der eintretende Tod die Erlösung von Schmerz und Qual.

Ilves hielt die Pistole hoch, rannte auf den Zweikampfsieger zu und feuerte dreimal. Der letzte noch lebende Este stand Rücken an Rücken mit Ilves da, als die nächste Welle Rotarmisten auf sie zustürmte.

„Dreh dich um, Kamerad. Sie kommen von vorn!"

In dem Augenblick als sich Ilves umdrehte, erhielt sein Nebenmann einen Kopfschuss, sowie einen Treffer in die Halsschlagader. Der Sterbende fiel dem Scharfschützen direkt in die Arme. Blut spritzte mit jedem Pulsschlag aus der Wunde am Hals, traf Ilves im Gesicht und färbte dessen Uniform rot. Es war wohl der Überlebensinstinkt, der den Scharfschützen dazu veranlasste, sich mit gemeinsam mit dem erschossenen Esten auf die Erde fallen zu lassen.

Er drehte sich auf den Bauch und bugsierte den Gefallenen so über sich, dass dieser halb über seinem Rücken lag.

Ich habe noch vier Patronen im Magazin, klärte er seine Lage. Schnell zog er die Eierhandgranate aus der Tasche, entsicherte aber noch nicht. *Dafür ist im Ernstfall immer noch Zeit,* hoffte er.

Noch übertönte das Gebrüll der Angreifer das Stöhnen, Winseln und Wimmern der teils tödlich verwundeten Soldaten beider Parteien. Ilves verlor jegliches Zeitgefühl. Irgendwann wurde das Brummen der Panzer leiser. Hin und wieder zog ätzender Qualm über sie hinweg. Russische Soldaten rannten vorbei. Ilves Herz raste wie wild. Wo war sein Gewehr? Ach ja, es lag weit genug weg, sodass man es nicht mit ihm in Verbindung bringen konnte. Aber er trug die Scharfschützenjacke. In den Taschen steckte noch Munition. Unter anderem die Explosivgeschosse.

Mist! Die bekomme ich nicht los, durchfuhr es ihn schauderhaft. *Also doch die endgültige Lösung mit der Handgranate, falls sie mich entdecken.*

Er blinzelte, wollte etwas erkennen ohne sich zu bewegen, doch alles was er sah, war das zertrümmerte Gesicht eines Rotarmisten. Ilves schloss die Augen wieder.

Ich bin in der Hölle.

Gedanken rasten durch den Kopf. Wie lange sollte er noch so liegen bleiben? Was sollte er tun, wenn es dunkel wird? Wann sollte er die Handgranate zünden? Wenn sie ihn umdrehen oder doch schon, wenn sie nur in seiner Nähe sind?

Es dauerte eine ganze Weile. Motorenlärm näherte sich und verschwand wieder. Eine Russin brüllte etwas. Waren das Sanitäterinnen, Krankenschwestern oder gehörten sie zu den weiblichen Scharfschützenregimentern? Dann würden sie garantiert kein Erbarmen mit ihm haben. Wo war eigentlich Hingsen? Anfangs lag er noch neben ihm. Später nicht mehr!

Ist Hingsen gefallen, oder ist er mit den anderen frühzeitig zurückgegangen?

Irgendein Soldat stöhnte permanent. Es hörte sich an wie ein dumpfes Brummen. Der Scharfschütze glaubte nicht, dass der Mann bei Bewusstsein war. Als die Fliegen kamen, wollte er am liebsten aufspringen und weglaufen, doch er war umringt von feindlichen Soldaten. Immer wieder fuhren Lastwagen oder Fahrzeuge mit kleineren Motoren vorbei, blieben in der Nähe stehen und fuhren wieder weiter. Der Kampflärm selbst verschob sich und verebbte schließlich. Das Stöhnen blieb. Noch kümmerte sich keiner um sie. Nicht um die Verwundeten und erst recht nicht um die Gefallenen.

Sie können sie doch nicht tagelang so liegen lassen. Oder doch?

Das dumpfe Stöhnen des Schwerverletzten war verstummt. Er hatte den Kampf um Leben oder Tod endgültig verloren. Es wurde unbequem, wenn er doch nur ein klein wenig seine Lage verändern könnte. Er konnte nicht!

Ein ekelerregender Geruch breitete sich aus. Die Zusammensetzung war undefinierbar. In Worten ausgedrückt würde Ilves ihn wohl als *Todesgeruch* bezeichnen.

Ja, sagte er in Gedanken zu sich selbst, *so riecht der Tod.*

Es war eine Mischung aus Exkrementen der Gefallenen, Blut, Eiter, verbranntem Öl und Innereinen von frisch Geschlachtetem. Ilves versuchte augenblicklich an etwas anderes zu denken, sonst hätte er sich übergeben müssen und damit wäre er verloren gewesen.

Er bekam Durst. Die Lippen trockneten aus. Noch wagte er es, hin und wieder mit der Zunge darüber zu fahren, doch richtig Abhilfe schaffte das auch nicht.

Nach ein paar Stunden glaubte er verrückt zu werden. Immer wieder stellte er sich neue Denkaufgaben. Er löste schwierige Rechenaufgaben, grübelte über die Filme nach, die er zuletzt im Kino gesehen hatte, versuchte die Namen seiner Schulkameraden zusammen zu bringen und ordnete diese dann alphabetisch ein.

Stunden vergingen. Es waren Stunden des Leidens, des Hoffens und der Verzweiflung. Stunden des Bangens und Stunden der Entscheidungen. Irgendwann lag er wie in Trance da. Immer wieder vernahm er russische Stimmen. Mal waren sie ganz nah, dann drangen nur Wortfetzen zu ihm. Ilves glaubte, dass sie die Verwundeten holten.

Sie bergen die verletzten Rotarmisten! Was ist mit unseren Leuten?

Das Wimmern nahm dennoch nur langsam ab. Auf einmal spürte er so etwas wie Panik aufkommen. Um ihn herum wurde es hektisch. Es dürfte später Nachmittag oder früher Abend gewesen sein, als die Schritte schneller und die Kommandos schärfer wurden. Er konnte es nicht mehr klar zusammenfassen. Ilves fühlte sich genauso tot, wie die Leichen um ihn herum.

Schüsse zerrissen die Luft. Detonationen grollten. Maschinengewehrsalven waren zu hören. Männer schrien. Es wurde wieder gekämpft. Die Höhe wurde wieder angegriffen. Hoffnung keimte auf.

107

Sie lassen mich nicht im Stich! Sie kommen zurück!
Es krachte. Laut und anhaltend.
Wumm Wuuummm
Dieses Explosionsgeräusch kannte der Este gut. Es stammte von einem geknackten Panzer, dessen Munitionsvorrat in einer Folgedetonation hochging. Er freute sich innerlich. Es war wieder Zeit für seine Übungen. Zehenspitzen und Finger wurden bewegt. Das konnte man von außen nicht sehen. Der Kampflärm hielt an. Wieder hörte Ilves Motorengeräusche. Diesmal fuhren sie in die andere Richtung. Er fällte eine Entscheidung. Ganz behutsam zog er die Beine an. Es ging. Er konnte sie problemlos bewegen. Als nächstes öffnete er die Augen und hob kaum merklich den Kopf. Es war noch hell, aber bereits Abendstimmung. Vor ihm befanden sich keine Rotarmisten. Ilves schob den Körper seines gefallenen Kameraden vom Rücken und hob den Oberkörper an. Er war allein. Zumindest sah er keine russischen Soldaten. Trotz seiner Feststellung wagte er es nicht sich aufzusetzen. Er kroch in niedrigster Gangart in Richtung seines Gewehres und musste dabei über die Körper mehrerer Toter hinweg. Bei einigen war die Totenstarre bereits eingetreten, bei anderen stand sie kurz bevor. Die Gesichter wirkten abwechselnd wächsern, bleich, blutrot oder völlig zerschmettert. Ilves erschrak zu Tode, als sich Körpergas aus den Öffnungen eines Gefallenen drückte, während er über dessen aufgedunsenen Bauch kroch. Fauliger Geruch ließ ihn würgen. Er hörte Wortfetzen in russischer Sprache. Die Stimme klang hektisch und ängstlich. Ilves kroch weiter. Zielstrebig suchte er sein Gewehr.

Hoffentlich haben es die Iwans nicht gefunden, raste es panisch durch seinen Kopf.

Er orientierte sich noch einmal kurz, dann fand er es neben dem Sowjet, den er mit einem Kopfschuss niederstreckte, als dieser ihm das Bajonett in den Bauch rammen wollte. Sofort schob Ilves liegend einen Ladestreifen in den K 98k. Er atmete tief und ruhig durch. An diesem Tag war er durch die Hölle gegangen und würde es kein zweites Mal durchstehen. Lieber würde er im Kampf sterben! Immer noch drang Wortschwall für Wortschwall zu ihm herüber. Der SS-Mann hob den Kopf, peilte die Richtung an und suchte durch den Blick in sein Zielfernrohr die Quelle der Stimme. Die Antenne stach verräterisch in den Himmel. Ein paar kurze Einstellungen, dann hatte er den Zielstachel am Feind. Eiskalt und gedankenlos krümmte der

108

Scharfschütze den rechten Zeigefinger. Ein Schuss krachte. Der russische Funker war sofort tot. Ein zweiter Nachrichter sprang erschrocken auf. Dieser kleine Schock und die Ungewissheit, woher der tödliche Schuss kam, wurden ihm zum Verhängnis. Auch er starb durch ein Projektil, abgefeuert aus Ilves K 98k.

Ein dritter Rotarmist rannte weg. Ilves schoss auch ihn nieder. Sofort orientierte er sich.

Woher werden die Russen kommen? Wohin werden sie gehen und wo kann ich sie am einfachsten abfangen?

Er blieb an Ort und Stelle. Sie kamen von vorn und aus dem Wald. In Zugstärke zogen sie sich zurück. Mit ihnen rückte auch der Kampflärm näher. Männer schrien und stöhnten immer lauter. Waffen wurden aneinander geschlagen.

Nahkampf! Sie sind am Russen dran!

Zwei Sowjets rannten schneller als die anderen. Als sie die Spitze übernommen hatten, legten sie sich auf den Boden und brachten ein leichtes Maschinengewehr in Stellung. Sie wollten den Rückzug ihrer Kameraden decken. Zwei Schüsse aus Kaimar Ilves Waffe vereitelten den Plan.

Nachladen!

Sie rannten, kamen auf ihn zu. Ilves feuerte und repetierte so schnell er konnte. Mit jedem Schuss fiel ein Rotarmist getroffen auf die Erde. Sie hatten ihn gesehen. Die Garbe einer russischen PPSch-MP verfehlte ihn nur um Haaresbreite. Hektische Bewegungen. Wieder nachladen. Er erwischte die Explosiv-Munition. Gewehr hochreißen und feuern war eine einzige Bewegung. Der vorderste Rotarmist lag mit aufgesprengtem Bauch auf der Erde. Seine angesengte Uniform qualmte. Etwas Kräftig-Hartes drückte gegen Ilves linke Schulter und riss ihn kurz zur Seite. Er konnte nicht mehr genau zielen. Der Karabiner wurde schwer. Der Este hielt ihn nur mit der rechten Hand. Ein weiterer Schuss krachte und die Schulter eines Angreifers war zerfetzt. Der Arm des Russen hing nur noch an einem dünnen Muskelstrang. Schmerzschreie gellten auf. Ilves war unfähig erneut zu repetieren, ließ das Gewehr fallen und griff zur Pistole. Der angreifende Russe kippte nach hinten weg, obwohl der Scharfschütze noch gar nicht abgedrückt hatte. Schemenhaft erkannte er seine eigenen Männer. Er hatte es geschafft! Er hatte die Hölle der Grenadierhöhe überlebt!

Knobelbecher liefen vorbei. Der Feind war zurückgedrängt. Er wurde schwach. Die Pistole fiel aus der rechten Hand. Schwarze Punkte tanzten herum. Ein schleichender Schmerz breitete sich aus.

„Sani", rief jemand laut. „Hierher! Sanitäter!"

Sie schnitten ihm die Scharfschützenjacke auf und legten die Wunde frei. Es tat schrecklich weh.

„Steckschuss", wurde gerufen. „Wir brauchen eine Bahre!"

Der Sani steckte ihm eine Tablette in den Mund und gab ihm zu trinken. Endlich Wasser. Ilves konnte nicht mehr sprechen. Der Mund war zu trocken. Das kühle Nass tat gut.

„Wo bleibt die Bahre?", rief der Sani, der neben ihm auf der Erde saß. Er desinfizierte die Wunde und legte schnell einen Druckverband an. Wie von scharfen Messern gestochen durchzuckte es Ilves. Es dauerte eine Weile bis die Morphium-Tablette wirkte. Der Scharfschütze hörte nur noch Bruchteile von dem, was gesprochen wurde.

„Steckschuss ... Arm verlieren ... sieht böse aus ... Amputation ... schneller ... Operation ..."

Er bekam Fieber.

Nachdem die Rote Armee die Grenadierhöhe regelrecht überrannt hatte, gelang es Teilen des tapfer kämpfenden *Waffen-Grenadier-Regiments der SS 45* die strategisch wichtige Höhe zurück zu gewinnen. Die estnischen SS-Männer mussten hierfür deutlich an ihre Leistungsgrenze gehen und gerieten durchwegs in erbittert geführte Nahkämpfe. Am Abend des 29. Juli 1944 hatten sie ihr Ziel erreicht und die Grenadierhöhe wieder besetzt. Der Preis hierfür war hoch. Keine 50 Soldaten des gesamten Regiments waren mehr einsatzbereit.

Kaimar Ilves wurde zum Hauptverbandsplatz gebracht. Die SS-Ärzte schafften es nicht den Arm des Scharfschützen zu retten. Ilves brauchte lange, um die Amputation zu verkraften. Er war allerdings zu sehr ein Kämpfer, als dass er sich aufgab. Er wollte leben und sein Wissen an junge Esten weitergeben. Als er erfuhr, dass Hingsen bei den Kämpfen auf der Grenadierhöhe gefallen war, wurde er nachdenklich. Immer noch von der Operation gezeichnet, kehrte er im Oktober 1944 der Waffen-SS den Rücken. Eines Tages war er verschwunden, untergetaucht in den Kriegswirren der letzten Tage in Estland.

Antu Tormis atmete tief ein. Der frische Wind, der vom Finnischen Meerbusen kühl und salzig her wehte, befreite seinen Kopf. Der Russe drückte so heftig wie noch nie gegen die HKL und während auf der einen Seite die Esten wie die Löwen kämpften und der Mut der Verzweiflung sie stark machte, bröckelte auf der anderen Seite die Treue zur Waffen-SS. Tormis griff zu seinem Kaffeebecher und nahm einen tiefen Schluck. Er saß bei Oberscharführer Fuchs und beschaffte sich neue Spezialmunition. Die Begegnung war eher zufällig, als gewollt. Tormis hatte seinen Spieß begleitet, der unterwegs zum Bataillonsgefechtsstand war. Dort traf er den zum Oberscharführer beförderten Fuchs. „Junge, komm mit! Erst mal gibt's 'ne Tasse Kaffee, was zum Futtern dazu und danach gebe ich dir so viel Munition, wie du tragen kannst", hatte der alte Haudegen freudig gesagt.

Der Scharfschütze stellte den Becher zurück auf den Tisch. Auf seiner Stirn hatten sich Denkfalten gebildet.

„Was bedrückt dich?", fragte Fuchs ohne Umschweife.

„Die neuesten Latrinenparolen."

„Welche denn? Die von den Wunderwaffen, die kurz vor der Auslieferung stehen, oder die, dass wir uns mit den Engländern verbrüdern und gemeinsam gegen Stalin kämpfen?"

„Nein", winkte Tormis ab. „Ich meine das Gerücht, dass Deutschland Estland aufgibt!"

Fuchs überlegte eine gute Minute, bevor er antwortete. „Das ist eine schwierige Sache. Ich schätze, die Herren da oben werden sich schon etwas dabei denken, wenn wir uns zurückziehen. Ich schätze, wir bilden bei Polen eine neue Front, damit wir uns im Winter erholen können und werden im Frühling mit den neuen Wunderwaffen den Iwan zurück nach Moskau treiben und ihn schließlich ganz hinten in Sibirien gänzlich schlagen", grinste er und freute sich, eine gut durchdachte Antwort gefunden zu haben.

Statt sofort darauf zu reagieren, ließ Tormis die Worte des Oberscharführers sickern. Sie schwiegen eine Zeitlang, dann sah der Scharfschütze den Regimentswaffenmeister in einer Art und Weise an, die dieser abgrundtief hasste. „Glaubst du wirklich an das, was du da gerade gesagt hast?"

Röte stieg in das Gesicht von Fuchs. Er blickte sich um, wollte wissen, ob sie ungestört waren oder ob sich noch jemand in ihrer Nähe aufhielt. „Nun, wenn ich ehrlich sein soll, nein!"

„Siehst du! So geht es mir auch."

„An was denkst du, Antu?"

Der Este antwortete nicht.

„Menschenskind! Mach bloß keinen Blödsinn! Ich habe den Chef wegen solcher Dinge schon sowas von toben gehört."

Tormis stellte sich dumm und hakte nach. „Warum?"

„Wegen euch Esten! Es sollen schon mehr als 1000 Mann desertiert sein. Das geht nicht! Tausend SS-Männer! Damit jage ich den Russen zurück bis …"

„Zur Narwa?"

„Ja, von mir aus bis zur Narwa!"

„Darf ich dich daran erinnern, dass der Russe uns, und zwar mit den tausend Kameraden, gerade von der Narwa hierher gejagt hat!"

Fuchs schnaufte. „Wenn du etwas ganz Bestimmtes vorhast, will ich es nicht wissen!"

„Ich denke an meine Schwester. Ich muss mich um sie kümmern!"

„Und der Iwan? Ich dachte, du wolltest gegen ihn kämpfen, damit Estland frei wird!"

„Genau das möchte ich auch. Aber in Estland, in meiner Heimat. Was nutzt es, wenn ich in Deutschland bin und der Russe bei mir zu Hause wütet?"

Fuchs gab keine Antwort. Er starrte in seinen Kaffee.

Tormis schob noch eine Frage nach. „Was würdest du tun, wenn deine Familie hier wäre, wenn es dein Land wäre, das von der Roten Armee besetzt wird?"

„Kämpfen", kam die Antwort.

„Das ist es, was mich beschäftigt!"

„Dein Kumpel vom Lehrgang", lenkte der Waffenmeister vom Thema ab.

„Kaimar Ilves?"

Fuchs nickte. „Er liegt im Lazarett. Ich habe es zufällig erfahren. Sie mussten ihm einen Arm abnehmen. Böse Sache, aber er lebt."

Tormis war leicht betroffen. Als Kriegsversehrter würde es Ilves später schwer haben.

Ein Kübelwagen fuhr heran. Es war der Spieß, der Tormis abholen wollte. Schnell blickte der Este auf seine Armbanduhr. „Das ging aber schnell."

„Ich musste ja nur ein paar Schriftstücke abgeben und der Alte hat besseres zu tun, als mich zum Essen einzuladen! Weißt du, Tormis, dort hinten ist Krieg und den müssen wir gewinnen", scherzte der Soldat.

Fuchs stand auf. „Dann werde ich dir mal die Munition geben. Komm mit!"

Tormis trank den Kaffee aus und folgte Fuchs.

„Beeilt euch", rief der Spieß ihnen nach. „Ich rauche noch ´ne Zigarette, dann fahre ich los!"

Fuchs händigte einige Päckchen der Explosivgeschosse aus. „Mehr habe ich nicht. Das ist der letzte Rest. Geh´ sparsam damit um, was immer du auch vorhast. Dieser Untersturmführer Rehling vom Scharfschützenzug hat mich auch schon darauf angehauen und ein paar Schachteln abgeholt. Die hier habe ich für dich versteckt."

„Danke."

„Falls du verschwinden solltest", fragte Fuchs leise, „wohin würdest du gehen? Du willst doch kämpfen!"

„Zu den Waldbrüdern! Sie bleiben garantiert hier und kämpfen gegen die Russen."

„Waldbrüder, Partisanen", murmelt Fuchs und reichte Tormis die Hand. Er drückte fester zu als üblich. „Egal wie du dich entscheidest, mein Freund. Du wirst es richtig machen und ich weiß von nichts."

„Auf Wiedersehen!"

Tormis ging. Der Spieß wartete schon sehnsüchtig. Der Motor des Kübelwagens lief bereits. Während der Rückfahrt sprachen sie nicht viel. Tormis schmiedete bereits einen Plan.

Anfang August 1944 brach die Rote Armee im Raum Metsküla, der von Kräften der Wehrmacht verteidigt wurde, durch. Einheiten der *20. Waffen-Grenadier-Division der SS (estnische Nr. 1)* wurden ins Kampfgebiet verlegt und konnten nach heftigen Abwehrkämpfen den Gegner aufhalten und die HKL wieder stabilisieren.

Seit diesem Kampfeinsatz gilt Antu Tormis als vermisst. Oberscharführer Fuchs hoffte für seinen Freund, dass es Tormis gelang, sich zu den Waldbrüdern durchzuschlagen. Den Gedanken, dass der Russe den Scharfschützen gefangen genommen haben könnte, verwarf er. Er hoffte es nicht.

Im September 1944 begann der Rückzug aus Estland. Weitere Esten desertieren, weil sie ihre Heimat nicht verlassen, sondern lieber mit den Partisanen gegen die Sowjets kämpfen wollten. Die Masse blieb allerdings der zerschlagenen Division treu.

Anfang Oktober 1944 wurde die *20. Waffen-Grenadier-Division der SS (estnische Nr. 1)* auf dem Truppenübungsplatz Neuhammer neu aufgestellt.

Oberscharführer Fuchs erfuhr nie, welches Schicksal Kaimar Ilves und Antu Tormis ereilte. Fuchs geriet gegen Ende des Krieges in sowjetische Kriegsgefangenschaft und kehrte als einer der letzten Heimkehrer in den fünfziger Jahren nach Deutschland zurück.

Ende

Glossar zum Roman:

MP 40 *auch „Schmeisser" genannt, da der Name des Waffen-Konstrukteurs auf den Magazinen angebracht war.*	Maschinenpistole 40, Nachfolger der MP 38, Standardmaschinenpistole der deutschen Wehrmacht und Waffen-SS, Stangenmagazin, 32 Schuss, 9 mm Parabellum
Papirossa (auch Papirossy)	russische Zigarettenart, bei deren Herstellung ein längeres Pappmundstück geformt und nur der äußere Teil des Röhrchens mit starkem, kurzfaserigem Presstabak (Machorka) gefüllt wird. Vor dem Rauchen knickt man das Pappröhrchen zweimal ein, so dass eine Luftkammer entsteht, die den Tabakrauch abkühlt. Am bekanntesten sind die Marken: „Belomorkanal" und „Herzegowina Flor". Letztere war übrigens Stalins Lieblingsmarke.
MG 42 *Spitzname beim Feind: „Hitlersäge"*	universal Maschinengewehr Modell 42, (auch Einführungsjahr in der Wehrmacht/Waffen-SS), sehr effektive Waffe, Kaliber 7,92 x 57 mm
Lee-Enfield Rifle	britisches Repetier-Gewehr, Standardwaffe der britischen Armee, Kaliber .303 Britisch (7,7 x 56 mm), Magazinfüllung 10 Patronen mit Ladestreifen. Dieser ermöglichte eine schnelle Schussfolge von 20 - 30 Schuss pro Minute.
Degtjarow DP 1928	sowjetisches Maschinengewehr Kaliber 7,62 x 54 mm, auffällig

	durch Tellermagazin (Füllung: 47 Patronen)
PPSch 41	russische Maschinenpistole, (Einführungsjahr in der Roten Armee 12/1940) sehr zuverlässig, Kaliber 7,62 x 25 TT, Trommelmagazin (71 Patronen) und Kurvenmagazin (35 Patronen)
Ofenrohr	Raketenpanzerbüchse 54 (nähere Info siehe Waffenvorstellung)
OKW	Oberkommando der Wehrmacht
Mosin Nagant	russisches Repetiergewehr, Kaliber 7,62 x 54 R, Magazinfüllung 5 Patronen mit Ladestreifen. Das Gewehr gab es auch in einer Version für Scharfschützen, Standardgewehr der Roten Armee.
K 98	Mauser Modell 98, deutsches Repetiergewehr, Kaliber 7,92 x 57 mm, 8 x 57 IS, Magazinfüllung 5 Patronen mit Ladestreifen. Das Gewehr gab es auch in einer Version für Scharfschützen, Standardwaffe der Wehrmacht und Waffen-SS.
Scho-ka-Cola	koffeinhaltige, runde Schokolade, die in einer Blechdose verpackt war.
Sanka	Abk. für Sanitäts-Kraftwagen
Geballte Ladung	vorgefertigtes Sprengmittel in Quaderform, Maße: 7,6 x 16,4 x 19,5 cm, Gewicht mit Tragering: 3 kg Sprengstoff
z.b.V.	militärische Abkürzung für: zur besonderen Verwendung

Waldbrüder	estnische Partisanenbewegung, die sich in den 40er Jahren, nach der Besetzung Estlands durch das stalinistische Russland, gründete und ihren Kampf ein Jahrzehnt, bis Anfang der 50er Jahre, aufrecht erhielt. Der Kampf zwischen den Waldbrüdern und der Sowjetunion kostete rund 50.000 Menschen das Leben.

Aus dem allgemeinen Landser-Jargon:

Acht-Acht	deutsche Flugabwehrkanone (FlaK), Kaliber 88 mm, die auch für Bodenziele eingesetzt werden konnte
Alter	Spitzname für: Vorgesetzter (meist Kompanie-, Bataillons-, oder Divisionsführer)
Akja	Wannenschlitten (nordisches Wintertransportmittel)
Barras	Barras wird in der Soldatensprache ,das Militär' bezeichnet. Zum Barras müssen heißt, eingezogen zu werden (Wehrpflicht). Das Wort geht vermutlich auf den französischen Staatsmann *Vicomte de Barras (1755-1829)* zurück. Er war einer der Verantwortlichen, als Frankreich die Wehrpflicht einführte. Der Begriff

	ist vor allem im Süddeutschen Raum und in Österreich gebräuchlich. Aus diesen Landstrichen stammten etliche Soldaten aus Napoleons *Grande Armée* während dessen Russlandfeldzuges.
Beutegermane	saloppe Bezeichnung der Volksdeutschen = (Menschen deutscher Herkunft mit nicht-deutscher Staatsangehörigkeit)
Donnerbalken	Latrine / Feldtoilette
Gefrierfleischorden	Ost-Medaille
Gulaschkanone	Feldküche
„Halsschmerzen"	jemand möchte eine Auszeichnung erhalten (Ritterkreuz, Eisernes Kreuz u.a.)
Hindenburglicht (benannt nach Paul von Hindenburg)	Mit Fett oder Talg gefüllte kleine Schale, in die ein Docht gesteckt wurde. Es diente als Notbeleuchtung. Moderner Nachfolger ist das Teelicht.
Hitlersäge	MG 42 = leistungsstarkes deutsches Maschinengewehr
Hundemarke	Erkennungsmarke (üblicherweise um den Hals getragen)
Rollbahn	wichtige Straße/Nachschubweg z.B. zur Truppenversorgung, aber auch zum schnellen Vormarsch
Intelligenzstreifen	Biesen an den Hosen von Generalstabsangehörigen
Iwan	Spitzname für Rotarmisten (russische Soldaten)
Kettenhund	Feldgendarm, erkennbar an seinem umgehängten Blechschild
Knobelbecher	genagelter Soldatenschaftstiefel
Koffer	schwere Granate
Kübel o. Kübelwagen	Leichter, geländegängiger Militär-Pkw (Volkswagen)

118

Küchenbulle	Koch
Landser	ugs. Bezeichnung des deutschen Soldaten (Landsknecht = zu Fuß kämpfender Söldner 15./16. Jh.)
Lametta	Orden/ferner auch Rangabzeichen
Latrinenparole	Gerücht
Napola	Nationalpolitische Lehranstalt = Internatsoberschule die zur Hochschulreife führte / Eliteschule zur Heranbildung von nationalsozialistischen Nachwuchsführungskräften
Spieß	Kompaniefeldwebel
Stalinorgel	sowjetischer Raketenwerfer (Eigenname in der Roten Armee: „Katjuscha")
Strippenzieher	Nachrichtensoldat
S-Mine	Abk. für Schrapnell-Mine, Splitter-Mine oder Spring-Mine. Nach Auslösung durch Tritt oder Stolperdraht, wird der Minenkörper in etwa auf Hüft- bis Schulterhöhe hochgeschleudert und explodiert mit Splitterwirkung. Diese Waffe war so effektiv, dass sie bis heute viele Nachahmer fand.
Tante Ju	Kosename für die Junkers Ju 52, ein Flugzeugtyp der Junkers Flugzeugwerk AG, Dessau. Erfolgreichstes Modell war die dreimotorige Ausführung Junkers Ju 52/3m aus dem Jahr 1932, die aus dem einmotorigen Modell Ju 52/1m hervorging.
Zwölfender	Berufssoldat (Dienstzeit betrug mind. 12 Jahre)

Fahrzeugvorstellung in Stichpunkten

Privatarchiv des Autors: PA-0051 - Soldat vor Unterkunft mit getarntem LKW Opel-Blitz

Opel-Blitz

Opel war vor dem Zweiten Weltkrieg der größte Lkw-Produzent im Deutschen Reich.

Bereits seit 1937 in diversen Ausführungen hergestellt, gab es den 3,0 t Einheits-Lkw Opel Blitz 3,6 mit 3 Tonnen Nutzlast ab 1940 für die Wehrmacht in den Versionen Blitz S (Standard) und Blitz A (Allradantrieb).

120

Der Opel Blitz S (Standard) wurde wegen seines guten Fahrverhaltens von der Wehrmacht als geländegängiger Lkw eingestuft. Die Lastwagen erwiesen sich im Einsatz als sehr zuverlässig, hatten ein vorzügliches Gewichts-/Nutzlast-Verhältnis und genügten den Anforderungen des Polen- und Westfeldzugs in vollem Umfang. Im Ostfeldzug hingegen, waren das schlecht ausgebaute Straßennetz, die langen Schlammperioden im Frühjahr und Herbst sowie die eiskalten Winter, selbst für die allradgetriebenen Blitz A und deren Fahrer eine gewaltige Herausforderung.

Die Produktion der Lastwagen für die Wehrmacht erfolgte bis August 1944 im Opel-Lkw-Werk Brandenburg und anschließend, bis Kriegsende, im Daimler-Benz-Werk Mannheim.

Der Gleisketten-Lkw „Maultier" stammt ebenfalls aus der Opel-Blitz-Baureihe.

Der Name „Blitz", wurde übrigens nach einem Preisausschreiben aus dem Jahr 1930 vergeben. Man suchte auf diesem Weg eine Bezeichnung für die damals neue Lkw-Baureihe der Opel-Werke, von der es 1934 bereits vier Grundversionen gab.

Technische Daten und allgemeine Information:

Hersteller	Adam Opel AG, Hauptproduktion: Opel-Lkw-Werk Brandenburg
Produktionszeit	1930 bis 1945 (nach Kriegsende in verschiedenen Varianten bis 1975)
Radstand	3,60 m (S-Version) 3,45 m (A-Version)
Länge	ab 6,07 m
Breite	2,265 m

Höhe	2,115 m (ohne Aufbau)
Bauformen	Pritschenwagen
	Kastenwagen
	Sonderaufbauten
Nutzlast	je nach Modellart
	1,0 bis 3,5 t
	Standartmodell: ca. 3,3 t
Eigengewicht	2,5 t
Motor	Viertakt-Ottomotor,
	6-Zylinder, (40 bis 54 kW)
	mit einem Hubraum von
	2,5 bis 3,6 l
Schaltgetriebe	5 Vorwärtsgänge
	1 Rückwärtsgang

Bildtafel

Privatarchiv des Autors, PA-0031, Feldküche im Sommer

Privatarchiv des Autors: PA-0051 - Soldat vor Unterkunft mit getarntem LKW

Privatarchiv des Autors: PA-0090 – Friseur

Privatarchiv des Autors: PA-0093 – Schießen – Waffenausgabe

Privatarchiv des Autors: PA-0094 – Lazarett – Soldaten mit Krankenschwestern

Privatarchiv des Autors: PA-0092 – Zug - Soldatentransport

125

Privatarchiv des Autors: PA-0091 – Schießübung

Im Narwabrückenkopf. In den am weitesten vorgeschobenen Stellungen des Abschnitts. Kampfbunker aus dichten Stämmen und Palisaden bilden hier die erste Linie, da Gräben wegen versumpften Böden nicht angelegt werden können. Ein Melder verlässt die Stellungen, die von niederländischen SS-Freiwilligen und deutschen SS-Grenadieren aus Siebenbürgen gehalten werden. Juli 1944
Bundesarchiv, Signatur: 101III-Fabiger-025-Bild19 Alte Signatur: Bild 146-1982-049-27A

Sowjetunion-Nord.- Scharfschütze (?) im Schützengraben/Unterstand mit Gewehr (mit Zielfernrohr);
Einsatzkommando I, 1944 August - September
Bundesarchiv, Signatur: Bild 101I-734-0017-01

Original-Vergleichsbild: Im Westen, Belgien, Frankreich.- Scharfschütze, getarnt mit Tarnparka, Stroh um Beine und Gewehr, in einem Baum mit Gewehr zielend; PK 698, Kurth, Bernhard

Bundesarchiv, Signatur :Bild 101I-297-1728-23

Dies ist ein Bild der Abwehrschlachten im Osten. Schwere Rauchschwaden, die aus brennenden Sowjetpanzern emporsteigen, verdunkeln den Himmel. In Massen liegen diese im Geländer umher, Hitze und beizenden Qualm ausströmend. Zwischen den Wracks stürmen die SS-Panzergrenadiere im Gegenstoss dem weichenden Feinde nach. SS-PK-Kriegsberichter Grönert, 18.8. 1944

(Originaltitel: Im Osten.- Soldaten der Waffen-SS neben brennendem sowjetischen Panzer (T-34 ?); SS-PK

August 1944)

Bundesarchiv, Signatur: Bild 183-J27410

in der gleichen Reihe bereits erschienen:

Landser in den Trümmern von Budapest - *Information, Originalfotos und ein packender Roman, Books on Demand, ISBN: 978-3-7322-6699-9, Januar 2014, 128 S. - € 8,90, Wolfgang Wallenda*

Scharfschützeneinsatz in Woronesch - *Information, Originalfotos und ein packender Roman, Books on Demand, ISBN: 978-3-7357-5629-9, Juli 2014, 120 S., € 8,90, Wolfgang Wallenda*

Spezialeinheit am Feind - *Information, Originalfotos und ein packender Roman, Books on Demand, ISBN: 978-3-7357-7745-4, August 2014, 124 S., € 8,90, Wolfgang Wallenda*

Blutiges Afrika – Fremdenlegionäre im Deutschen Afrika Korps, *Information, Originalfotos und ein packender Roman, Books on Demand, ISBN: 978-3-7357-7081-3, Oktober 2014, 120 S., € 8,90, Wolfgang Wallenda*

weitere Bücher von Wolfgang Wallenda:

Biographie (halbauthentische Erzählung):

Die Frontsoldaten von Monte Cassino, *Erstauflage 1999, z. Zt. 5. Auflage, Triga Verlag, 540 S. € 29,80. Dieser halbauthentische Roman erzählt die Geschichte des 1939 zwangsrekrutierten Mathias Wallenda, der sich an den Fronten in Frankreich, dem Balkan, in Afrika und letztendlich in Italien bei Monte Cassino bewährte und dort Held wider Willen wurde.*

Krimikomödien:

(veröffentlicht unter W. T. Wallenda)

Schneespuren gibt es nicht, Oktober 2013, Himmelstürmer Verlag, 283 S. - € 15,90. In dieser wirklich außergewöhnlich witzig-warmherzigen Kriminalkomödie schlittert ein homosexuelles Paar in das Abenteuer seines Lebens.

Soko: weiß-blau-rosa und der Wessobrunner Hexenfluch, Februar 2014, Himmelstürmer Verlag, 241 S. - € 15,90. Dieses Buch ist ein „etwas anderer" Oberbayernkrimi – fesselnde Spannung und dennoch äußerst humorvoll.

Soko: weiß-blau-rosa: Fränkisches Blut, Juli 2014, Himmelstürmer Verlag, 240 S. € 16,50. Dieser Roman ist ein außergewöhnlicher Heimatkrimi mit gekonnter Mixtur aus Hochspannung und Humor.

Kinderbücher:

Die Traumpiraten, Dezember 2011, Zwiebelzwerg Verlag, 46 S., € 8,50. Ein phantasievolles Märchen für Kinder bis ca. 8 Jahren, farbig illustriert von der Künstlerin Heike Laufenburg.

Einbrecherjagd in den Ferien, Januar 2012, Zwiebelzwerg Verlag, 64 S. - € 8,50. Ein spannender Kinderkrimi für kleine Detektive bis ca. 10 Jahren, schwarz-weiß illustriert von der Künstlerin Heike Laufenburg.

Quellen- und Literaturverzeichnis, Buchtipps:

Der Romanteil ist eine überarbeitete Version der Erstauflage „Ziel erkannt!" aus der Reihe: Der Landser, Pabel-Moewig Verlag Rastatt, Heft Nr. 2819

Kriegstagebuch des Oberkommandos der Wehrmacht (Wehrmachtsführungsstab) 1940-1945 (1961 – 1965)
Sonderausgabe, Berdard & Graefe Verlag, Bonn,
Hrsg. Prof. Dr. Percy Ernst Schramm, erläutert von Prof. Dr. Andreas Hillgruber, Prof. Dr. Walther Hubatsch, Prof. Dr. Hans-Adolf Jacobsen und Prof. Dr. Percy Ernst Schramm, ISBN 3-7637-5933-6

Das Bundesarchiv, Potsdamer Straße 1, 56075 Koblenz, insbesondere: Bilddatenbank des Bundesarchivs, sowie Freiburg (Militärarchiv), Wiesentalstr. 10, 79115 Freiburg

Infanteriewaffen Gestern (1918-1945) Band 1
Reiner Lidschun, Günter Wollert, Brandenburgisches Verlagshaus,
3. Auflage 1998, ISBN 3-89488-036-8

Infanteriewaffen Gestern (1918-1945) Band 2
Reiner Lidschun, Günter Wollert, Brandenburgisches Verlagshaus,
3. Auflage, 1998, ISBN 3-89488-036-8

Jäger und Gejagte, Die Geschichte der Scharfschützen, Motorbuch Verlag Stuttgart, 4. Auflage 1991, ISBN: 3-87943-373-9, Jan Boger

Deutsche Uniformen 1939 – 1945, Motorbuch Verlag Stuttgart, 4. Auflage 2004, ISBN: 3-613-01869-1, Jean de Lagarde

Das Handbuch der deutschen Infanterie 1939 – 1945, Edition Dörfler im Nebel Verlag GmbH, Eggolsheim, ISBN: 3-89555-041-8, Alex Buchner
sowie

überlieferte Erinnerungen und überlassene Aufzeichnungen von Veteranen und Zeitzeugen (schriftlich o. im persönlichen Gespräch mit dem Autor) und eigene Kenntnisse des Autors.